PRESENÇA DE LIDERANÇA

TÍTULO ORIGINAL
Emotional Intelligence: Leadership Presence

AUTORES
John Beeson, Amy Jen Su, Rebecca Shambaugh, Amy J. C. Cuddy, Matthew Kohut, John Neffinger, Deborah Tannen, Jasmine Vergauwe, Bart Wille, Joeri Hofmans, Robert B. Kaiser e Filip De Fruyt

Direitos reservados para Portugal por

CONJUNTURA ACTUAL EDITORA
Sede: Rua Fernandes Tomás, 76-80, 3000-167 Coimbra
Delegação: LEAP CENTER – Espaço Amoreiras
Rua D. João V, n.º 24, 1.03
1250-091 Lisboa – Portugal
e-mail: editoras@grupoalmedina.net

TRADUÇÃO
Rui Santos/Lufada de Letras

REVISÃO
Sofia Moura

CAPA
Edições Almedina S.A., sobre capa original da Harvard Business School Publishing Corporation

PAGINAÇÃO
Aresta Criativa – Artes Gráficas

IMPRESSÃO E ACABAMENTO
Publito - Braga
Março 2020

DEPÓSITO LEGAL
468516/20

ACTUAL | GRUPOALMEDINA

Biblioteca Nacional de Portugal – Catalogação na Publicação

BEESON, John, e outros

Presença de liderança / John Beeson, Amy Jen Su, Rebecca Shambaugh. – (Inteligência emocional)
ISBN 978-989-694-471-1

I – SU, Amy Jen
II – SHAMBAUGH, Rebecca

CDU 005

Inteligência Emocional

PRESENÇA DE LIDERANÇA

ACTUAL

Índice

1. **Desconstruindo a presença de executivo** 7
O que é esta qualidade efémera?
John Beeson

2. **Como podem os novos gestores emitir os sinais de liderança corretos** 15
Compreenda o impacto que tem nos outros.
Amy Jen Su

3. **Para soar como um líder, pense sobre o que diz e como e quando o diz** 25
Pense estrategicamente sobre a sua comunicação.
Rebecca Shambaugh

4. **Conecte, depois lidere** 35
Evite governar pelo medo.
Amy J. C. Cuddy, Matthew Kohut e John Neffinger

5. **O poder da palavra: quem é escutado e porquê** 65
O clássico sobre transmissão de competência e confiança.
Deborah Tannen

6. **Demasiado carisma pode fazer os líderes parecerem menos eficazes** 105

Os custos podem superar os benefícios.

Jasmine Vergauwe, Bart Wille, Joeri Hofmans, Robert B. Kaiser e Filip De Fruyt

Índice remissivo 117

1

Desconstruindo a presença de executivo

John Beeson

Se perguntar a um grupo de gestores que aspiram ao nível de administração o que é preciso para lá chegar, eles mencionarão invariavelmente a presença de executivo, mas nem sempre são assim tão claros sobre o seu significado. Há não muito tempo, conduzi uma série de entrevistas em privado com executivos seniores responsáveis pela colocação de executivos nas suas organizações. Perguntei-lhes quais os fatores «sim ou não» que consideravam nas decisões de promoção ao nível de administração. A presença de executivo estava entre o punhado de critérios de decisão que citaram, mas mesmo esses experientes executivos tiveram dificuldades em definir o que é e porque é que uma pessoa a tem e outra não. Num mundo crescentemente diverso, em que os executivos seniores já não são todos machos de 1,85 metros com ar de quem veio de uma agência de modelos, o que é preciso para criar uma presença de executivo dominadora? As roupas certas? Um aperto de mão firme? Isso importa, mas não conta a história toda.

Ainda que a presença de executivo seja algo altamente intuitivo e difícil de precisar, em última análise ela vem a ser a sua capacidade de projetar uma autoconfiança madura, uma sensação de que pode tomar o controlo de situações difíceis e imprevisíveis, tomar decisões duras em tempo oportuno e manter a sua posição face a outros membros talentosos e voluntariosos da equipa executiva. Se esse é o cerne da questão, que estilo, que comportamentos se combinam para sinalizar a outros esse nível de autoconfiança? Para algumas respostas, considere três gestores talentosos – dois dos quais não chegaram ao nível executivo e um que o conseguiu.

Qualquer gestor adoraria ter um Frank Simmons na sua equipa de gestão. Experiente, orientado para resultados, colaborativo e comprometido com a empresa, Frank aparecia nas listas de sucessão durante vários anos, mas nunca foi promovido. Ainda que tivesse um desempenho de topo na sua área, Frank parecia estar sempre um pouco amarrotado e a sua postura era um pouco curvada. Quando ele fazia apresentações à equipa executiva estava invariavelmente bem preparado, mas o seu desconforto era evidente, a partir da sua linguagem corporal.

Embora normalmente muito articulado, as suas apresentações eram muito extensas e divagantes. Na parte de perguntas e respostas das suas apresentações, ele tendia a ser excessivamente deferente com os membros da equipa executiva e hesitava em inserir-se na conversa quando os executivos entravam em debate. Como disse em privado um executivo sénior: «Frank é um recurso incrível para a empresa, mas não consigo imaginá-lo em frente de um cliente. «Alicia Wallace era uma gestora de *marketing* altamente treinada, que tinha tido sucesso em todas as missões atribuídas. Porém, quando era altura de selecionar pessoas de alto potencial para promoção a níveis superiores, ela falhava sempre a vez. Por muito que os executivos seniores gostassem dela e a respeitassem, eles nunca se sentiam completamente confortáveis quanto a passarem-na para o próximo nível. A razão: a sua aparente desorganização. As pessoas diziam «é a Alicia a ser Alicia», quando ela chegava atrasada a mais uma reunião, apressada, ansiosa e com as pastas desalinhadas. Isto foi trivial e mesquinho? Talvez, mas, a um nível visceral, isso fez com que o pessoal sénior questionasse a sua capacidade de gerir uma equipa maior e de manter o necessário foco na implementação de prioridades-chave.

Se você entrasse numa sala cheia com 20 gestores, Lydia Taylor, um membro do departamento jurídico, não sobressairia, mas isso mudava assim que o diálogo começasse. Ainda que de voz suave e não terrivelmente agressiva, ela era altamente respeitada pelos seus pares, bem como pelos executivos com quem trabalhava. Lydia possuía uma notável capacidade de ouvir e tinha um sentido infalível sobre quando entrar na conversa para defender o seu ponto de vista. Sem pressa, direta e imperturbável, ela mantinha a sua postura calma e equilibrada mesmo quando outros se tornavam emocionais, usando o seu subtil sentido de humor para acalmar situações difíceis. Quando contestada por outros, defendia o seu terreno de uma forma firme e não conflituosa. Ainda que muito apoiante dos seus clientes internos, estava preparada para bater com o pé se alguém defendesse uma posição que pudesse pôr a empresa em risco. Como resultado, Lydia foi identificada como uma candidata de topo e preparada para suceder ao advogado-chefe da empresa.

A eterna questão é se a presença de executivo pode ser desenvolvida. A resposta é sim, se se tiver uma base de autoconfiança e uma disposição para tratar das situações imprevisíveis características do nível executivo. Comece por ter em conta os aspetos básicos. Encontre um par de pessoas de confiança que lhe deem uma avaliação franca da sua forma de vestir e do cuidado do seu aspeto, e do nível de autoconfiança que projeta. Como se viu antes, a roupa e o aspeto não são tudo, mas problemas grandes nesta área podem criar um obstáculo. Uma gestora de alto talento era descrita em privado pelos seus pares como uma «professora da província», enquanto outros diziam que um gestor muito determinado parecia um «vendedor de carros usados». As conotações não são lisonjeiras nem insignificantes. As pessoas tendem a não confiar num vendedor de carros usados, e as professoras da província não são tipicamente consideradas criativas e capazes de assumir riscos, duas qualidades centrais para liderar na inovação e na mudança, ao nível executivo.

Procure oportunidades para aperfeiçoar os seus talentos de apresentação. Não só o falar em público é um importante requisito para um executivo, como a capacidade de se expor e apresentar um assunto perante um grupo de executivos ou uma grande assistência é frequentemente vista como um indicador da sua capacidade de aguentar a pressão. Ensaie uma apresentação importante até que consiga aparecer como relaxado e em controlo, e tenha em especial atenção a parte de perguntas e respostas, uma vez que a sua serenidade quando questionado e a capacidade de pensamento rápido ajudam a projetar uma sensação de autoconfiança.

Mais importante, encontre a sua voz como executivo: isto é, identifique os seus pontos fortes e rentabilize-os ao máximo. Algumas pessoas são naturalmente gregárias e conseguem encher uma sala com a sua personalidade. Outros, como Lydia Taylor, confiam na sua capacidade de ouvir, sentido de oportunidade e capacidade de manter a compostura quando outros se tornam emocionais. Num mundo crescentemente diverso, a presença de executivo terá um aspeto diferente de um executivo para outro. Porém, a constante é a construção nos outros da confiança de que você poderá sobressair como líder quando os tempos se tornarem difíceis.

John Beeson é o principal executivo da Beeson Consulting, uma firma de consultoria de gestão especializada no planeamento de sucessões, avaliação e *coaching* de executivos e design de organizações. Ele é também o autor de *The Unwritten Rules: The Six Skills You Need to Get Promoted to the Executive Level* (Jossey-Bass). Siga-o no Twitter @johnrbeeson.

Reproduzido a partir de *Harvard Business Review*, 22 de agosto de 2012 (produto #H0099M).

2

Como podem os novos gestores emitir os sinais de liderança corretos

Amy Jen Su

Uma das mais excitantes, e por vezes angustiantes, transições de carreira surge quando se passa de colaborador individual a gestor. Nesta situação, *o que pensa*, *o que diz* e *como se apresenta* – efetivamente, a sua presença de liderança – pode ter um impacto direto naqueles que agora está a liderar e a gerir pela primeira vez. Assim, enquanto novo gestor, como constrói uma presença de liderança autêntica e conectada, que tenha um impacto positivo na sua equipa e nos seus colegas?

Estabeleça um objetivo de liderança baseado em valores. Uma presença autêntica e conectada começa de dentro para fora. A forma como define a função, e o que valoriza, irá transparecer para aqueles com quem trabalha. Como novo gestor, dedique tempo a ponderar o tipo de líder que é e espera vir a ser. Estabeleça um objetivo aspiracional para lhe servir de bússola-guia. Como um novo gestor partilhou recentemente, «o meu objetivo pessoal de liderança é ser um gestor genuíno e emocionalmente inteligente, que inspira outros para a excelência». Como Ram Charan, Stephen Drotter e James Noel descrevem no seu livro *The Leadership Pipeline*: «Ainda que isto possa parecer uma passagem de liderança simples e natural, é muitas vezes uma em que as pessoas tropeçam... [E]les fazem a transição laboral de uma contribuição individual para uma na gestão sem fazerem uma transição comportamental ou de valores... Eles têm de acreditar que criar tempo para os outros, para planeamento [e] *coaching*... são tarefas necessárias e da sua responsabilidade. Mais que isso, eles têm de ver este trabalho dirigido aos outros como decisivo para o seu sucesso.»

Aumente a sua inteligência emocional e o seu conhecimento das situações. Como o trabalho agora muda para conseguir fazer mais trabalho através de outros, reconheça que aquilo que o motiva ou influencia pode não ser igual ao modo como os outros são motivados ou influenciados. Antes de interações ou reuniões importantes, questione-se:

- Quem é a outra pessoa ou a assistência?
- Qual pode ser a sua perspetiva sobre este tópico?
- Qual o melhor modo de as motivar ou influenciar?

- O que requer a situação em apreço?
- Quais são os resultados e tom ótimos?

Estas questões lembram-nos que a presença de liderança não tem que ver com a procura de uma solução de tamanho único. A presença de liderança é, pois, um «e/ /ambos» *versus* um «ou/ou». Por um lado, ter uma presença de liderança efetiva inclui ser autêntico, genuíno e claro quanto à sua bússola-guia, valores centrais e convicções. E, por outro lado, inclui ser adaptativo e ágil, demonstrando uma capacidade de se ligar com diferentes tipos de pessoas via muitas plataformas e tecnologias de comunicação diferentes.

Seja claro e direto, mas sempre com respeito. Como a sua nova função provavelmente aumentará as suas interações com pessoas de muitos estilos diferentes, ter uma presença de liderança efetiva inclui construir e praticar continuamente os talentos de ser claro e direto, ao mesmo tempo encontrando maneiras de estabelecer conexões e demonstrar respeito. A presença de liderança é dinâmica e fluida, e encoraja um diálogo bidirecional em que podemos dar voz autêntica aos nossos pontos de vista, enquanto nos mantemos abertos aos pontos de vista e perspetivas de outros, à medida que trabalhamos para um objetivo comum, melhor resultado ou solução. Aqui estão alguns exemplos de coisas que podem ajudá-lo a cultivar a sua própria voz e a escutar as vozes de outros:

- *Saiba o que pensa:* Se é naturalmente forte a ouvir e escutar as opiniões dos outros, exercite-se em chegar mais depressa às suas próprias convicções e pensamentos. Antes de reuniões ou interações importantes, aponte alguns pontos-chave para si: *Quais são as três a cinco coisas em que acredito, a respeito deste tópico ou questão?*
- *Pergunte, escute e reconheça:* Reciprocamente, se é naturalmente forte em formar as suas próprias opiniões, habitue-se a uma maior paciência, de modo a criar espaço para ouvir os outros. Mostre que está realmente a escutar, colocando boas perguntas, clarificando o que ouviu, ou confirmando como está a processar a informação. Em alguns casos, poderá partilhar: «*Com esta nova informação, estou a experienciar isto de forma bastante diferente. O meu ponto de vista mudou.*» Noutros casos poderá acabar por dizer: «*Ao assimilar o que vocês partilharam, verifico que não consigo ficar confortável com essa direção. Em última instância, isto reduz-se a uma diferença de opinião.*»
- *Partilhe o «porquê»:* Como novo gestor, também é fundamental partilhar o «porquê» por trás da sua visão, prioridades, expectativas, *feedback* ou pedidos.

Não dilua a mensagem. Em vez disso, torne-a mais poderosa, ao partilhar mais sobre o contexto. Ajude a conectar os resultados do trabalho ou o desenvolvimento profissional ao que está a acontecer ao nível organizacional. Por exemplo, ao dar *feedback* de desenvolvimento a alguém, poderia incluir contexto adicional como: «*Porque a organização está a crescer tão depressa, há oportunidade para cada membro da equipa crescer e progredir nos modos seguintes. Gostaria de o ver abordar...*» Ou pode reforçar a mensagem pintando o quadro da aspiração: «*Gostaria muito de nos ver a chegar a melhores da turma nisto, e aqui está o que será necessário.*»

Constitua uma presença estável e fundamentada face à mudança, ao *stress* ou a notícias difíceis. A realidade é que a maioria de nós pode exibir uma presença efetiva, especialmente quando o negócio vai bem ou quando estamos a ter um dia bom. Como novo gestor, porém, é igualmente importante perguntar-se: O que é que as pessoas experienciam quando eu estou sob *stress*, cansado, com prazos a cumprir ou quando alguém me traz más notícias?

Reconheça que o que pode parecer um momento passageiro ou fugaz de cólera, impaciência ou insinceridade apressada, pode acabar por impactar negativamente a sua equipa e o seu moral geral e empenhamento. Como o autor Daniel Goleman escreve no seu livro *Primal Leadership*: «Muito simplesmente, em cada grupo humano, o líder tem o poder máximo de alterar as emoções de cada um… [Q]uão bem os líderes gerem as suas disposições afeta as disposições de todos, o que se torna não apenas um assunto privado, mas um fator na prosperidade do negócio. «Manter uma presença estável e fundamentada aumenta a probabilidade de a sua equipa se sentir confortável quando lhe traz informação importante, mesmo que sejam más notícias, de modo que possa ajudar a remover obstáculos, redefinir prioridades ou reorientar a equipa. A investigação da professora Amy Edmondson concluiu que as equipas conseguem otimizar a sua aprendizagem e o seu desempenho quando há uma cultura – na maior parte dos casos estabelecida pelo gestor – que promove tanto a segurança psicológica como a responsabilidade.

Para ajudar a afirmar e a manter uma presença mais estável e fundamentada, certifique-se de que está a estabelecer as prioridades certas para si próprio e de que tem estratégias para gerir a carga de trabalho de ser um líder, quando aceitar a função e a responsabilidade mais importante como novo gestor.

Tornar-se um novo gestor é uma importante transição de liderança na sua carreira. Recue e pense sobre a sua presença de liderança, e certifique-se de que está a *pensar, a dizer e a aparecer* do modo que mais espera e pretende.

Estabeleça um objetivo de liderança baseado em valores, aumente a sua inteligência emocional e conhecimento das situações, seja direto, mas com respeito, e encontre estratégias para afirmar e manter uma presença estável e fundamentada. É fácil, na nossa humildade, subestimar o impacto que temos, como gestores, na vida dos outros.

Como o professor Clayton Christensen escreve no seu clássico artigo na HBR, «How Will You Measure Your Life?»:

> *Na minha imaginação, vi uma das minhas gestoras sair uma manhã para o trabalho com um nível relativamente forte de autoestima. Então, imaginei-a a conduzir de volta a casa para junto da família 10 horas mais tarde, sentindo-se não apreciada, frustrada, subutilizada e rebaixada. Imaginei quão profundamente a sua autoestima em baixo afetava a maneira como interagia com os seus filhos. A visão na minha mente então avançou rapidamente para outro dia, quando ela conduziu para casa com maior autoestima – sentindo que tinha aprendido muito, tinha sido reconhecida por atingir coisas valiosas e tinha tido um papel importante no sucesso de algumas iniciativas importantes. Imaginei então quão positivamente isso a afetava como esposa e mãe. A minha conclusão: a gestão é a mais nobre das profissões se for bem exercida. Nenhuma outra ocupação oferece tantas vias para ajudar outros a aprender e a crescer, a assumir responsabilidades,*

a ser reconhecidos por resultados e a contribuir para o sucesso de uma equipa.

Amy Jen Su é cofundadora e sócia gerente da Paravis Partners, uma firma de *coaching* de executivos e desenvolvimento de liderança. É coautora, com Muriel Maignan Wilkins, de *Own the Room: Discover Your Signature Voice to Master Your Leadership Presence* (Harvard Business Review Press, 2013). Siga Amy no Twitter @amyjensu.

Reproduzido a partir de *Harvard Business Review*, 8 de agosto de 2017 (produto #H03S6X).

3

Para soar como um líder, pense sobre o que diz e como e quando o diz

Rebecca Shambaugh

Nancy começou o dia sentindo-se preparada para informar a sua equipa executiva sobre um projeto de grande impacto em que tinha estado a trabalhar nos dois últimos meses. Tinha ensaiado o seu conjunto de *slides* repetidamente, até ao ponto de ter, na prática, cada nível de conteúdo memorizado. Chegou cedo à reunião e aguardou pacientemente, ainda que ansiosamente, pelo momento em que iria intervir. A reunião começou e, poucos minutos passados, Jack, um dos copresidentes, pediu-lhe que informasse os executivos sobre o seu projeto e as suas recomendações.

Nancy lançou-se entusiasticamente na apresentação, cobrindo todos os pontos de interesse que tinha meticulosamente ensaiado. Com um sólido domínio da matéria, sentiu que estava a ter um desempenho de topo e estava aliviada por ter gastado tanto tempo a treinar e a preparar-se para esta reunião. Mas, quando estava prestes a avançar para as recomendações, Jack interrompeu-a e disse: «Nancy, aprecio o teu trabalho duro neste projeto, mas ele não é relevante para a nossa agenda, e não tem mérito para os objetivos de negócio que estamos a abordar hoje.» Constrangida, Nancy retirou-se para a sua cadeira e ficou sentada em silêncio durante o resto da reunião. Ela mal conseguia esperar para sair em grande velocidade da sala, assim que a reunião acabasse, para refletir sobre como este momento – que ela esperava que fosse um ponto de viragem positivo na sua carreira – se tinha transformado num desastre.

Que tinha acabado de acontecer? Embora Nancy estivesse preparada para participar na reunião, ela não tinha pensado estrategicamente. Este problema comum faz tropeçar muitos gestores, executivos e líderes capazes, aquando da definição do seu papel em comunicações, reuniões e outros fóruns. Aprender a desenvolver e transmitir uma voz de executivo mais estratégica – em parte por via da compreensão do contexto – pode ajudar os líderes a evitar encontrarem-se, como Nancy, numa situação potencialmente danosa para a sua carreira.

Quer seja um gestor associado ou um executivo sénior, o que diz, como o diz, quando o diz, a quem o diz e se o diz no contexto adequado, são componentes fundamentais na exploração do seu potencial completo de liderança estratégica. Se quer estabelecer credibilidade e influenciar pessoas, em especial quando interage com outros executivos ou a liderança de topo, é importante ser conciso e deixar bem claro às pessoas qual o papel que pretende que elas desempenhem na discussão. É também importante desmitificar o conteúdo de qualquer mensagem a transmitir, evitando jargões e sendo uma pessoa de poucas – mas eficazes – palavras.

Todos esses fatores se relacionam com o desenvolvimento de uma voz de executivo estratégica. A sua voz de executivo tem menos que ver com o seu desempenho do que com os seus instintos estratégicos, compreensão do contexto e consciência dos sinais que emite nas suas interações e comunicações diárias. Como o seu atributo irmão, a presença de executivo, a voz de executivo pode parecer algo intangível e por isso difícil de definir. Mas o facto é que todos nós temos uma maneira preferida de comunicar com os outros, e fazer isso com intencionalidade estratégica e um sólido domínio do contexto pode significar a diferença entre sucesso e falhanço no seu estilo de comunicação e liderança.

Um dos aspetos mais importantes de ter uma voz de executivo relaciona-se com ser um líder estratégico. Ouço frequentemente executivos de topo dizer que gostariam de promover um dos seus líderes com alto potencial, mas que acham que a pessoa não é suficientemente estratégica para progredir. Quando oiço gestores dizer isto, tento contrariar suavemente e sugerir que talvez o problema não seja a falta de potencial de liderança estratégica do candidato; talvez eles não estejam a conseguir explorar as suas capacidades como líderes estratégicos.

Quer tenha alguém na sua equipa que ache que não tem preparação estratégica, ou quer esteja preocupado que *você* possa ser um líder com um potencial estratégico inexplorado devido a uma voz de executivo não desenvolvida, continue a ler. Abaixo estão algumas estratégias de *coaching* que uso frequentemente com executivos e executivas para os ajudar a juntar uma voz de executivo mais estratégica ao seu conjunto de ferramentas de liderança.

Compreenda o contexto. Quantas vezes deu por si numa reunião a atirar para o ar uma ideia não formada, a não falar quando as pessoas esperam as suas ideias ou a dizer algo que não se ajusta bem à agenda, e a ficar subitamente com aquela sensação de «veado encandeado pelos faróis»? Se estas situações lhe soam familiares, o que se passou de errado? Em resumo, estes erros táticos resumem-se em falhar a compreensão do contexto da chamada, reunião ou discussão em que se está a participar.

Por exemplo, se é a principal autoridade num tópico, é natural que o contexto requeira que lidere a reunião e tome quaisquer decisões finais. Mas se é um de vários executivos que podem dar contributos, partilhar o seu ponto de vista e completar o quadro com outros (em vez de açambarcar o primeiro plano com as suas grandes ideias) será o seu papel. Se está em modo de aprendizagem e não lhe foi pedida uma apresentação numa reunião, então o seu papel em termos de comunicação será observar e escutar. Saber ou averiguar previamente qual o papel esperado de si num fórum ou evento de grupo pode guiá-lo na determinação do tipo de voz que necessita de ter para aquela ocasião em particular e pode ajudar a assegurar que percebe o contexto antes de falar.

Seja um visionário. Por vezes não conseguimos explorar uma voz de executivo porque nos focamos demasiado na nossa própria função ou papel. Os líderes estratégicos são mais visionários do que isso, adotando uma visão de empresa que se foca menos neles próprios e mais na organização. Outra parte de ser visionário é desenvolver a capacidade de articular aspirações para o futuro e uma fundamentação para a transformação.

Este tipo de visão de executivo ajuda a guiar decisões, tanto a nível individual como empresarial. Deve trabalhar no sentido de completar o quadro com recomendações para mostrar como as suas decisões afetam outros à volta da mesa, incluindo a sua equipa e a organização como um todo.

Cultive relações estratégicas. Uma das melhores maneiras de construir o seu pensamento estratégico é desenvolver relações, tendo em conta objetivos de negócio específicos. Isto requer líderes seniores e executivos que contribuam com uma perspetiva estratégica dos objetivos, alterações e prioridades de topo da organização, a que poderemos não ter normalmente acesso. Quando cultiva e investe em relações estratégicas vastas, está a ajudar a evitar ser apanhado em minúcias do dia a dia.

É fácil perder de vista a importância de cultivar relações novas e diversas quando já tem o prato cheio, mas uma parte do ser-se capaz de aceder a uma voz executiva forte é expandir o seu conhecimento para lá da sua posição específica, departamento ou área de competência. Para desenvolver a sua voz de executivo, consagre tempo para contactar pelo menos uma pessoa por semana, fora da sua equipa ou área funcional imediata. Tente aprender:

- Como eles se inserem no negócio como um todo
- Os seus objetivos e desafios
- Maneiras de poder apoiá-los como parceiro de negócios estratégico

Traga soluções, não apenas problemas. Quando fazia *coaching* para uma vasta gama de executivos, vi em primeira mão que a maioria se sentia frustrada quando as pessoas apontavam desafios mas não ofereciam quaisquer soluções. Liderar estrategicamente com uma voz de executivo forte envolve a solução de problemas, não apenas apontar a dedo questões difíceis.

Poderá melhorar a sua presença estratégica se fizer o trabalho de casa e tomar a liderança na análise de situações. Faça o *brainstorm* de ideias novas que vão além do óbvio. Mesmo que não tenha a resposta perfeita, poderá demonstrar a sua capacidade de imaginar soluções inteligentes.

Fique calmo na panela de pressão. As pessoas com uma voz de executivo eficaz não são facilmente abaladas. Consegue exercer uma liderança equilibrada mesmo quando – de facto, particularmente quando – toda a gente à sua volta está a perder a postura? Quando consegue cingir-se aos factos em vez de ser aspirado num turbilhão emocional, independentemente do *stress* que sente, então será capaz de liderar com uma mais poderosa voz de executivo.

Pode ser desconfortável reconhecer e admitir desafios pessoais relacionados com a sua voz de executivo, e ao princípio pode encontrar resistências quando faz sugestões para melhorar a voz de executivo dos membros da sua equipa. Mas quando supera esta resistência inicial, em si ou em outros, verá que vale a pena o esforço inicial de investigação de como contribuir de modo mais eficaz para reuniões importantes ou outras comunicações. Ao fazer os ajustes necessários na sua abordagem à participação, pode evitar voar às cegas e começar a aparecer mais estrategicamente em qualquer ocasião.

Rebecca Shambaugh é uma perita em liderança internacionalmente reconhecida, autora e oradora. É presidente da SHAMBAUGH, uma organização de desenvolvimento de liderança global, e fundadora da Women in Leadership and Learning (WILL).

Reproduzido a partir de *Harvard Business Review*, 31 de outubro de 2017 (produto #H03ZDX).

4

Conecte, depois lidere

Amy J. C. Cuddy, Matthew Kohut e John Neffinger

É *melhor ser amado ou temido?*

Há 500 anos, Nicolau Maquiavel refletiu sobre este dilema intemporal e jogou pelo seguro. «Pode-se responder que se deveria desejar ser ambas as coisas», reconheceu ele, «mas porque é difícil reuni-las numa só pessoa, é muito mais seguro ser temido que amado.» Agora a ciência comportamental está a pronunciar-se por via de investigações mostrando que Maquiavel tinha em parte razão. Quando julgamos os outros – especialmente os nossos líderes – olhamos primeiro para duas caraterísticas: quão adoráveis são (a sua cordialidade, a sua amabilidade ou a sua confiabilidade) e quão temíveis são (a sua força, a sua ação ou a sua competência). Ainda que haja algum desacordo quanto à designação adequada para estes traços, os investigadores concordam que essas são as duas dimensões primárias do julgamento social.

Porque é que esses traços são tão importantes? Porque respondem a duas questões fundamentais: «Quais são as intenções desta pessoa a meu respeito?» e «É ele ou ela capaz de agir em função dessas intenções?» Em conjunto, estas avaliações subjazem às nossas reações emocionais e comportamentais em relação a outras pessoas, outros grupos, e mesmo marcas e empresas.[1] A investigação por um de nós, Amy Cuddy, e pelos colegas Susan Fiske, de Princeton, e Peter Glick, da Lawrence University, mostra que as pessoas consideradas competentes mas pobres em cordialidade muitas vezes suscitam inveja nos outros, uma emoção envolvendo tanto respeito como ressentimento, e que é ambivalente. Quando respeitamos alguém, queremos cooperar ou aliar-nos a ele ou ela, mas o ressentimento pode tornar essa pessoa vulnerável a duras represálias (pense em Dennis Kozlowski, CEO da Tyco caído em desgraça, cuja extravagância fez dele uma figura pública antipática). Por outro lado, as pessoas consideradas calorosas, mas incompetentes, tendem a suscitar piedade, o que também envolve uma mistura de emoções: a compaixão leva-nos a ajudar aqueles de que temos pena, mas a nossa falta de respeito leva-nos em

---

(1) A. J. C. Cuddy, P. Glick e A. Beninger, «The Dynamics of Warmth and Competence Judgments, and Their Outcomes in Organizations», *Research in Organizational Behavior* 31 (2011): pp. 73-98.

última análise a negligenciá-los (pense em trabalhadores que são marginalizados por estarem perto da reforma ou num empregado com talentos fora de moda numa indústria em rápida evolução).

Com certeza que notamos muitos outros traços nas pessoas, mas eles estão longe de ser tão influentes como a cordialidade e a força. Efetivamente, descobertas no campo da psicologia mostram que estas duas dimensões são responsáveis por mais de 90% das impressões positivas ou negativas que formamos sobre as pessoas ao nosso redor.

Então o que é melhor, ser adorável ou ser forte? Hoje, a maioria dos líderes tende a enfatizar a sua força, a competência e as credenciais no local de trabalho, mas essa é exatamente a abordagem errada. Os líderes que projetam força antes de estabelecer confiança correm o risco de suscitar medo, e, com ele, uma série de comportamentos disfuncionais. O medo pode minar o potencial cognitivo, a criatividade e a solução de problemas, e pode fazer com que os funcionários bloqueiem ou percam o empenho. É uma emoção «quente», com efeitos duradouros. Grava-se na nossa memória de uma maneira que emoções mais frias não conseguem. A investigação de Jack Zenger e Joseph Folkman comprova este ponto: num estudo a 51 836 líderes, apenas 27 foram classificados no quartil inferior em termos de simpatia e no quartil superior em termos de eficácia global de liderança – por outras palavras, as hipóteses de um gestor detestado ser considerado um bom líder são apenas cerca de uma em 2000.

Um crescente corpo de pesquisa sugere que a maneira de influenciar – e liderar – é começar com a cordialidade. A cordialidade é o condutor para a influência: facilita a confiança, bem como a comunicação e absorção de ideias. Mesmo só alguns pequenos sinais não verbais – um aceno de cabeça, um sorriso, um gesto aberto – podem mostrar às pessoas que você gosta da sua companhia e está atento às suas preocupações. Priorizar a cordialidade ajuda-o a conectar-se imediatamente com os que estão à sua volta, mostrando que os escuta, que os compreende e que podem ter confiança em si.

Quando a força vem primeiro

A maior parte de nós trabalha arduamente para mostrar competência. Queremos ver-nos como fortes – e queremos que os outros nos vejam da mesma maneira. Focamo-nos em afastar os desafios à nossa volta e em dar abundantes provas de competência. Sentimo-nos compelidos a demonstrar que estamos aptos para o trabalho, ao esforçar-nos por apresentar as ideias mais inovadoras nas reuniões, ser os primeiros a lidar com um desafio e a trabalhar o maior número de horas. Estamos seguros das nossas próprias intenções e, portanto, não sentimos a necessidade de provar que somos dignos de confiança, apesar do facto de ser a confiabilidade a primeira coisa que procuramos nos outros.

Os psicólogos organizacionais Andrea Abele, da Universidade de Erlangen-Nuremberg, e Bogdan Wojciszke, da Universidade de Gdansk, documentaram este fenómeno numa série de situações. Numa das experiências, quando questionados sobre a sua escolha entre programas de formação focados em talentos relacionados com competência (como a gestão do tempo) ou focados em cordialidade (dar apoio social, por exemplo), a maioria dos participantes optou pela formação baseada em competência para si próprios, mas na formação em *soft-skills* para os outros. Noutra experiência, em que era pedido aos participantes que descrevessem um acontecimento que formou a sua autoimagem, a maioria contou histórias sobre si próprios que enfatizavam a sua própria competência e autodeterminação («Eu obtive a minha licença de piloto à primeira tentativa»), mas, quando descreviam um acontecimento semelhante relativo a outrem, focavam-se na cordialidade e generosidade dessa pessoa («O meu amigo deu explicações de matemática ao filho do seu vizinho e recusou aceitar qualquer pagamento»).

Mas colocar a competência em primeiro lugar enfraquece a liderança: sem uma base de confiança, as pessoas na organização podem obedecer exteriormente aos desejos de um líder, mas é muito menos provável que se coadunem em privado – adotando os valores, a cultura e a missão da organização de uma forma sincera e duradoura. Os locais de trabalho com défice de confiança muitas vezes têm uma cultura de «cada empregado por si», em que as pessoas sentem que têm de estar vigilantes quanto a protegerem os seus interesses. Os empregados podem tornar-se relutantes em ajudar outros, porque não estão seguros de que os seus esforços serão retribuídos ou reconhecidos. Resultado: os recursos organizacionais partilhados tornam-se vítimas da «tragédia dos comuns».

Quando a cordialidade vem primeiro

Ainda que a maior parte de nós se esforce por demonstrar força, a cordialidade contribui significativamente mais para a avaliação que os outros fazem de nós, sendo considerada antes da competência. O psicólogo social de Princeton Alex Todorov e os seus colegas estudam os mecanismos cognitivos e neurais que orientam as nossas «inferências de traços espontâneas» – os julgamentos instantâneos que fazemos quando olhamos brevemente para faces. A sua investigação mostra que quando fazem esses julgamentos, as pessoas consistentemente reagem à cordialidade mais rapidamente do que à competência. Esta preferência pela cordialidade verifica-se também noutras áreas. Num estudo liderado por Oscar Ybarra, da Universidade de Michigan, os participantes num jogo de palavras identificavam palavras relacionadas com cordialidade (como «amigável») significativamente mais depressa do que as relacionadas com competência (como «hábil»).

Os economistas comportamentais, por seu lado, mostraram que os julgamentos de confiabilidade geralmente conduzem a ganhos económicos significativamente maiores. Por exemplo, Mascha van't Wout, da Universidade de Brown, e Alan Sanfey, da Universidade do Arizona, pediram a sujeitos de uma experiência que determinassem como deveria ser atribuído um fundo. Os participantes investiram mais dinheiro, sem garantia de retorno, nos parceiros que percecionaram como mais confiáveis com base numa visão de relance das suas caras. ([2])

Num ambiente de gestão, a confiança aumenta a partilha de informação, a abertura, a fluidez e a cooperação. Se se pode confiar que os colaboradores vão fazer o que

---

(2) M. van't Wout e A. G. Sanfey, «Friend or Foe: The Effect of Implicit Trustworthiness Judgments is Social Decision-Making», *Cognition* 108, n.º 3 (2008): pp. 796-803.

está certo e corresponder aos seus compromissos, o planeamento, a coordenação e a execução são muito mais fáceis. A confiança também facilita a troca e aceitação de ideias – permite que as pessoas ouçam as mensagens dos outros – e aumenta a quantidade e qualidade das ideias que são produzidas no interior da organização. Mais importante, a confiança fornece uma oportunidade para alterar as atitudes e crenças das pessoas, não apenas o seu comportamento exterior. É o ponto fulcral quando se trata de influenciar e da capacidade de conseguir que as pessoas aceitem completamente a sua mensagem.

O guerreiro feliz

A melhor maneira de ganhar influência é combinar cordialidade e força – por muito difícil que Maquiavel diga que é. Na realidade, os traços podem reforçar-se mutuamente: ter uma sensação de força pessoal ajuda-nos a ser mais abertos, menos ameaçados e menos ameaçadores em situações de *stress*. Quando nos sentimos confiantes e calmos, projetamos autenticidade e cordialidade.

Compreender um pouco acerca da nossa composição química pode esclarecer de algum modo como isto funciona. Os neuropeptídeos, oxitocina e arginina vasopressina, por exemplo, têm sido associados à nossa capacidade

COMO REAGIRÃO AS PESSOAS AO SEU ESTILO?

Investigações de Amy Cuddy, Susan Fiske e Peter Glick sugerem que a maneira como os outros percecionam os seus níveis de cordialidade e de competência determina as emoções que suscita e a sua capacidade de influenciar uma situação. Por exemplo, se for altamente competente mas mostrar apenas cordialidade moderada, conseguirá que as pessoas o acompanhem, mas não ganhará o seu verdadeiro empenhamento e apoio. E se não mostrar qualquer cordialidade, tenha cuidado com aqueles que poderão tentar fazer descarrilar os seus esforços – e talvez a sua carreira.

de formar ligações humanas, de sentir e exprimir cordialidade e de nos comportarmos altruisticamente. Investigações recentes também sugerem que, em todo o reino animal, os sentimentos de força e de poder têm ligações estreitas com duas hormonas: a testosterona (associada à assertividade, ao medo reduzido e à disposição para competir e correr riscos) e o cortisol (associado com o *stress* e a reatividade ao *stress*).

Um estudo de Jennifer Lerner, Gary Sherman, Amy Cuddy e outros colegas trouxe para o laboratório centenas de pessoas, participantes em programas de Harvard de formação de executivos, e comparou os seus níveis de cortisol com os níveis médios da população em geral. Os líderes

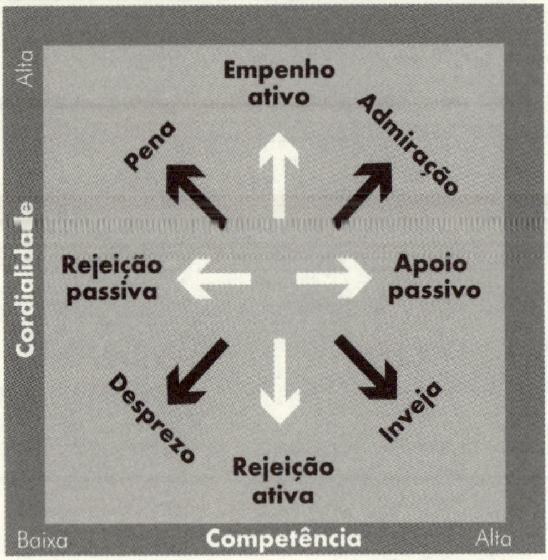

registaram menos *stress* e ansiedade do que a população em geral, e a sua fisiologia corroborou-o: os seus níveis de cortisol eram significativamente inferiores. Além disso, quanto mais alto o seu cargo e quanto mais subordinados geriam, mais baixos eram os seus níveis de cortisol. Porquê? O mais provável é porque os líderes tinham uma sensação de controlo mais elevada – um fator psicológico que se sabe ter um poderoso efeito de amortecedor do *stress*. De acordo com investigações feitas por Pranjal Mehta, da Universidade de Oregon, e Robert Josephs, da Universidade do Texas, os líderes mais eficazes, independentemente do género, têm um perfil psicológico particular, com uma testosterona relativamente alta e um cortisol relativamente baixo.

Esses líderes enfrentam problemas sem se perturbarem. O seu comportamento não é relaxado, mas estão relaxados emocionalmente. São muitas vezes vistos como «guerreiros felizes», e o efeito da sua postura nos que estão à sua volta é estimulante. Os guerreiros felizes tranquilizam-nos na certeza de que, quaisquer que sejam os desafios que enfrentemos, as coisas acabarão bem. Ann Richards, a antiga governadora do Texas, desempenhou o papel de guerreiro feliz ao conjugar a sua assertividade e autoridade com um grande sorriso e um humor rápido, que tornavam claro que ela não deixava que o mundo de altos e baixos da política a abatesse.

Durante as crises, são estas as pessoas capazes de manter um canal de influência aberto, podendo mesmo expandi-lo. A maioria das pessoas odeia a incerteza, mas toleram-na muito melhor quando podem olhar para um líder que elas acreditam que as apoia e é calmo, lúcido e corajoso. Essas são as pessoas em quem confiamos. Essas são as pessoas que escutamos.

Há exercícios físicos que podem ajudar a despertar a autoconfiança – e mesmo alterar a química do seu corpo para que esta seja mais próxima da do guerreiro feliz. Dana

Carney, Amy Cuddy e Andy Yap sugeriram que as pessoas adotassem «poses de poder» associadas com a dominância e a força no reino animal. Estas posturas são abertas, expansivas e ocupantes do espaço (imagine a Supermulher e o Super-Homem de pé, com as mãos nas ancas e os pés bem afastados). Ao adotar estas posturas durante apenas dois minutos antes de encontros sociais, demonstra a sua investigação, os participantes aumentaram o seu nível de testosterona e baixaram o seu nível de cortisol significativamente.

Tenha presente que os sinais que emitimos podem ser ambíguos – podemos ver a reação de alguém à nossa presença, mas não podemos ter a certeza daquilo a que a pessoa está exatamente a reagir. Podemos sentir a cordialidade de um líder, mas não estarmos seguros de ela ser dirigida a nós; sentimos a sua força, mas precisamos de confirmação de que está a ser apontada ao desafio que enfrentamos. E, como referimos antes, os julgamentos são muitas vezes feitos rapidamente, com base em deixas não verbais. Especialmente quando enfrentam uma situação de alta pressão, é útil para os líderes procederem antecipadamente a uma breve rotina de aquecimento para ficarem no estado de espírito adequado, treinando e adotando uma atitude que os ajude a projetar sinais não verbais positivos. Referimo-nos a esta abordagem como «de dentro para fora», em contraste com a estratégia «de fora para dentro» de tentar executar no momento e conscientemente comportamentos não verbais específicos. Pense na diferença entre representação pelo método e representação clássica: na representação pelo método, o ator experiencia as emoções da personagem e produz naturalmente um desempenho autêntico, enquanto no método clássico os atores aprendem a exercer um controlo preciso sobre os seus sinais não verbais. Em geral, uma abordagem de dentro para fora é mais eficaz.

Há muitas táticas para projetar cordialidade e competência, podendo ser graduadas conforme necessário. Dois de nós, John Neffinger e Matt Kohut, trabalham com líderes de muitas camadas sociais no controlo de deixas não verbais e verbais. Vejamos agora algumas das melhores práticas.

PORQUE É QUE A CORDIALIDADE TRIUNFA SOBRE A FORÇA

A primazia da cordialidade manifesta-se de muitas formas interrelacionadas, que sublinham poderosamente a importância de se ligar com as pessoas, antes de tentar liderá-las.

A necessidade de associação

As pessoas têm uma necessidade de se sentirem incluídas, de sentir uma sensação de pertença. Efetivamente, alguns psicólogos sustentariam que o impulso de nos associarmos se conta entre as nossas necessidades primárias como humanos. Experiências realizadas pela neurocientista Naomi Eisenberger e colegas sugerem que a necessidade é tão forte que quando somos ostracizados – mesmo por quase desconhecidos – experimentamos uma dor que é comparável a uma forte dor física.

«Nós» *versus* «Eles»

Nas décadas recentes, poucas áreas têm recebido tanta atenção dos investigadores em psicologia social como as dinâmicas de grupo, e por boa razão: a preferência pelos grupos a que se pertence é tão forte, que mesmo em condições extremas – como saber que a pertença a um grupo foi atribuída aleatoriamente e que os próprios grupos são arbitrários – as pessoas preferem consistentemente os membros do seu grupo a não-membros. Como líder, você terá de assegurar que é membro dos grupos-chave na sua organização. Na verdade, você quer ser o membro aspiracional do grupo, o representante escolhido do grupo. Assim que se torna «um deles» – a gestão, a liderança –, você começa a perder pessoas.

O desejo de ser compreendido

As pessoas desejam profundamente ser ouvidas e vistas. Lamentavelmente, por muito importante que seja a consideração de perspetivas para a boa liderança, estar numa posição de poder diminui a compreensão dos pontos de vista dos outros. Quando temos poder sobre outros, a nossa capacidade de os ver como indivíduos diminui. Assim, os líderes devem consciente e consistentemente fazer o esforço de imaginar-se na pele dos que lideram.

Como projetar cordialidade

Os esforços para parecer caloroso e confiável, por meio do controlo dos seus sinais não verbais, pode ser contraproducente: muitas vezes parecerá, pelo contrário, inexpressivo e falso. Aqui estão formas de evitar essa armadilha.

Encontre o nível certo

Quando as pessoas querem projetar cordialidade, por vezes amplificam o entusiasmo na sua voz, aumentando o volume e a gama dinâmica para transmitir satisfação. Isso pode ser eficaz no ambiente adequado, mas se quem está ao seu redor não fizer nada de especial para merecer a sua adulação, irão assumir que ou você está a ser falso ou bajula toda a gente indiscriminadamente.

Uma maneira melhor de criar cordialidade vocal é falar com um tom e volume mais baixos, como se estivesse a confortar um amigo. Aponte para um tom que sugira que está a ser sincero com as pessoas – que está a partilhar a notícia verdadeira, sem fingimento ou adorno emocional. Ao proceder assim, mostra que confia que aqueles com quem está a falar irão tratar das coisas da maneira certa. Pode até partilhar ocasionalmente uma história pessoal – uma que seja privada mas não inapropriada – num tom de confidência, para demonstrar que está a ser próximo e aberto. Suponha, por exemplo, que quer estabelecer um laço com novos empregados que encontra pela primeira vez. Poderá oferecer algo de pessoal logo aí, ao recordar como se sentiu num ponto semelhante da sua carreira. Isso é muitas vezes suficiente para estabelecer um tom agradável.

Valide sentimentos

Antes de as pessoas decidirem o que pensam da sua mensagem, decidem o que pensam de *si*. Se mostrar aos seus empregados que tem mais ou menos a mesma visão que eles, demonstra não só empatia mas, aos seus olhos, bom senso – a melhor qualificação para se ser escutado.

Assim, se quiser que os seus colegas o escutem e concordem consigo, primeiro concorde com eles.

Imagine, por exemplo, que a sua empresa está a sofrer uma grande reorganização e o seu grupo está a sentir uma grande ansiedade sobre o que a mudança poderá significar – para a qualidade, a inovação, a segurança do emprego. Reconheça o medo e a preocupação das pessoas quando fala com elas, quer em reuniões formais quer em conversas de bebedouro. Olhe-as nos olhos e diga: «Sei que toda a gente está a sentir muita incerteza neste momento, e isso é perturbador.» As pessoas respeitá-lo-ão por apontar o elefante na sala, e estarão mais abertas a ouvir o que tem a dizer.

ESTÁ A PROJETAR CORDIALIDADE?

A forma como se apresenta em ambientes de trabalho tem uma grande importância para a maneira como é percebido pelos outros. Mesmo que não se sinta particularmente caloroso, praticar estas abordagens e usá-las em situações formais e informais pode ajudar a abrir o seu caminho para a influência.

(Continua)

ESTÁ A PROJETAR CORDIALIDADE?

Caloroso

- Quando em pé, equilibre o seu peso principalmente numa das ancas para evitar parecer rígido ou tenso.
- Incline a cabeça ligeiramente e mantenha as mãos abertas e acolhedoras.

ESTÁ A PROJETAR CORDIALIDADE?

Frio

- Evite estar em pé com o queixo a apontar para baixo.
- Não rode o corpo de modo a afastar-se da pessoa com quem está a interagir.
- Evite posições com as mãos fechadas e movimentos bruscos.

(Continua)

ESTÁ A PROJETAR CORDIALIDADE?

Caloroso

- Incline-se para a frente de uma maneira não agressiva, para sinalizar interesse e empenho.
- Coloque as mãos confortavelmente sobre os joelhos ou pouse-as sobre a mesa.
- Vise uma linguagem corporal que seja percebida como profissional, mas relaxada.

ESTÁ A PROJETAR CORDIALIDADE?

Frio

- Tente não inclinar o corpo de modo a afastar-se da pessoa com quem está a interagir.
- Cruzar os braços indica frieza e uma falta de recetividade.
- Evite estar «em sentido» ou numa postura agressiva.

Ilustração: Colin Hayes

Sorria – com sinceridade

Quando sorrimos de forma sincera, a cordialidade torna-se algo realimentado positivamente: sentirmo-nos felizes faz-nos sorrir e sorrir faz-nos sentir felizes. Este retorno facial é, por sua vez, contagioso. Tendemos a refletir as emoções e expressões não verbais uns dos outros, pelo que, quando vemos alguém sorrindo abertamente e emanando cordialidade genuína, não conseguimos resistir a sorrir também.

A cordialidade não é fácil de fingir, é claro, e um sorriso polido não engana ninguém. Para projetar cordialidade, tem de a sentir genuinamente. Um sorriso natural, por exemplo, envolve não só os músculos à volta da boca, mas também os que se encontram à volta dos olhos – os pés de galinha.

Então como produzir um sorriso natural? Encontre uma razão para se sentir feliz onde quer que esteja, mesmo que tenha de rir do seu próprio embaraço. Em situações sociais, os introvertidos podem selecionar uma pessoa só em quem se foquem. Isto pode ajudá-los a canalizar a sensação de conforto que experimentam com amigos chegados ou família.

Por exemplo, a KNP Communications trabalhava com uma gestora que estava a ter problemas em conectar-se com os seus empregados. Tendo subido na hierarquia como uma engenheira altamente analítica, ela projetava competência e determinação, mas não muita cordialidade. Notámos, porém, que quando falava sobre o local em que tinha crescido e o que tinha aprendido sobre a vida, ensinado pela comunidade unida dos seus vizinhos, a sua postura descontraía-se e sorria abertamente. Ao incluir uma breve anedota sobre a sua educação quando iniciava uma reunião ou fazia uma apresentação, ela era capaz de mostrar aos seus colegas um lado caloroso e empático.

Uma coisa a evitar: sorrir com as sobrancelhas levantadas, para alguém acima da idade de cinco anos. Isto sugere que está excessivamente ansioso de agradar e de que gostem de si. Também sinaliza ansiedade, que, como a cordialidade, é contagiosa. Custar-lhe-á muito mais em força do que o que ganhará em cordialidade.

Como projetar força

A força ou competência pode ser estabelecida por via da posição que detém, da sua reputação e do seu desempenho efetivo. Mas a sua presença, ou comportamento, também conta sempre. A maneira como se comporta não estabelece o seu nível de talento, claro, mas é tomada como forte evidência da sua atitude – quão sério é e quão determinado é na abordagem a um desafio – e isso é um componente importante da força no global. O truque é cultivar um comportamento de força sem parecer ameaçador.

Sinta-se no comando

A cordialidade pode ser mais difícil de imitar, mas a confiança é mais difícil quanto tem de se convencer a si próprio. Sentir-se um impostor – que não pertence à posição em que está e que irá ser «descoberto» – é muito comum. Mas duvidar de si próprio mina completamente a sua capacidade de projetar confiança, entusiasmo e paixão, as qualidades que constituem a presença. Efetivamente, se se vê como um impostor, outros o verão assim também. Sentir-se no comando e confiante tem tudo que ver com conectar-se consigo mesmo. E, quando estamos conectados connosco próprios, é muito mais fácil conectarmo-nos com os outros.

Manter o corpo em certas posições, como vimos antes, pode ajudar. Ainda que nos refiramos a essas posturas como poses de poder, elas não aumentam a sua dominância sobre os outros. Elas são sobre poder pessoal – a sua ação e capacidade de autorregulação. Uma investigação recente, liderada por Dacher Keltner, da Universidade da Califórnia, Berkeley, mostra que sentir-se poderoso desta maneira lhe permite descartar os medos e inibições que o podem impedir de conduzir o seu eu mais completo, mais autêntico e entusiasta até uma situação profissional de alta responsabilidade, como um *pitch* para investidores ou um discurso perante uma assistência influente.

Fique em pé, direito

É difícil exagerar a importância de uma boa postura na projeção da autoridade e da intenção de ser levado a sério. Com escreveu Maya Angelou: «Ponha-se em pé, direito, e tome consciência de quem é e de que domina as suas circunstâncias.» Uma boa postura não significa a exagerada pose com o peito para fora conhecida entre os militares como estar em sentido, ou esticar o queixo para cima. Quer apenas dizer que atinge a sua altura total, usando os músculos para endireitar a curva em S da sua espinha, em vez de a relaxar. Parece trivial, mas maximizar o espaço físico que o seu corpo ocupa faz uma diferença substancial em termos de como a assistência reage a si, independentemente da sua altura.

Controle-se

Quando se desloca, mova-se deliberada e precisamente para um ponto específico, em vez de movimentar os membros de forma desconjuntada. E quando acabar o seu movimento, fique quieto. Tremer, contorcer-se, ou outra estática visual envia o sinal de que não está no controlo. A quietude demonstra calma. Combine isso com boa compostura e atingirá o que é conhecido como serenidade, que transmite equilíbrio e estabilidade, aspetos importantes de uma presença de liderança credível.

Estar direito, em pé, é uma maneira especialmente boa de projetar força, porque não interfere com a cordialidade do modo que outros sinais de força – gestos bruscos, um sobrolho franzido, um queixo elevado – o fazem. As pessoas que educam as crianças para se levantarem e sorrirem estão certas: esta combinação simples é talvez a melhor maneira de projetar força e cordialidade simultaneamente. Se quer mesmo liderar outros, tem de acertar na dinâmica cordialidade-competência. Projetar ambos os traços imediatamente é difícil, mas os dois podem reforçar-se mutuamente – e as recompensas podem ser substanciais. Ganhar a confiança e o apreço dos que estão à sua volta sabe bem. Sentir-se no comando de uma situação também. Fazer ambas as coisas permite-lhe influenciar as pessoas mais eficazmente.

As estratégias que sugerimos podem parecer estranhas à primeira vista, mas rapidamente criarão um ciclo de realimentação positiva. Ser calmo e confiante cria espaço para ser caloroso, aberto e apreciativo, e para escolher como agir de maneiras que reflitam e expressem os seus valores e prioridades. Uma vez que estabeleça a sua cordialidade, a força é recebida como uma segurança bem acolhida. A sua liderança torna-se não uma ameaça, mas uma dádiva.

Amy J. C. Cuddy é uma antiga professora associada de administração de empresas da Harvard Business School. **Matthew Kohut** e **John Neffinger** são os autores de *Compelling People: The Hidden Qualities That Make Us Influential* (Hudson Street Press, 2013) e diretores na KNP Communications.

Reproduzido a partir de *Harvard Business Review*, julho-agosto de 2013 (produto #R1307C).

5

O poder da palavra: quem é escutado e porquê

Deborah Tannen

O chefe de uma grande divisão de uma empresa multinacional estava a conduzir uma reunião dedicada à avaliação de desempenho. Cada gestor sénior levantava-se, passava em revista os indivíduos no seu grupo e avaliava-os para promoção. Ainda que houvesse mulheres em todos os grupos, nenhuma delas foi escolhida. Um após outro, cada gestor declarou, com efeito, que nenhuma das mulheres no seu grupo tinha a autoconfiança necessária para ser promovida. O chefe da divisão começou a duvidar dos seus ouvidos. Como podia ser que todas as talentosas mulheres da sua divisão sofressem de falta de confiança?

Com toda a probabilidade, não sofriam. Considere as muitas mulheres que deixaram grandes empresas para lançar os seus próprios negócios, exibindo obviamente confiança suficiente para terem sucesso por si próprias.

Os julgamentos sobre confiança podem ser inferidos apenas a partir da maneira como as pessoas se apresentam, e muito dessa apresentação é a forma de falar.

O CEO de uma grande empresa disse-me que muitas vezes tinha de tomar decisões em cinco minutos sobre matérias em que outros podiam ter trabalhado cinco meses. Ele disse que usa esta regra: se a pessoa que faz a proposta parece confiante, o CEO aprova-a. Se não parece, diz não. Isto poderá parecer uma abordagem razoável. Mas o meu campo de pesquisa, a sociolinguística, sugere outra coisa. O CEO obviamente pensa que sabe como soa uma pessoa confiante. Mas o seu julgamento, que pode estar completamente certo para algumas pessoas, pode ser completamente errado para outras.

A comunicação não é tão simples como dizer apenas o que se pretende. Como se diz o que se pretende é crucial, e isso difere de uma pessoa para outra, porque o uso da linguagem é um comportamento social aprendido: a forma como falamos e escutamos é profundamente influenciada pela experiência cultural. Ainda que possamos pensar que as formas de dizermos o que pretendemos são naturais, podemos ficar em sarilhos se interpretarmos e avaliarmos os outros como se eles necessariamente sentissem o mesmo que nós se nós falássemos do modo como eles o fizeram.

Desde 1974 que tenho investigado a influência do estilo linguístico nas conversas e nas relações humanas.

Nos últimos quatro anos, alarguei essa pesquisa ao local de trabalho, onde observei como as formas de falar aprendidas na infância afetam os julgamentos de competência e confiança, bem como quem é escutado, quem obtém crédito e o que se concretiza.

O chefe de divisão que ficou estupefacto ao ouvir que todas as talentosas mulheres da sua organização tinham falta de confiança tinha provavelmente razão em estar cético. Os gestores seniores estavam a julgar as mulheres segundo as suas próprias normas linguísticas, mas as mulheres – como as pessoas que cresceram numa cultura diferente – muitas vezes aprenderam estilos de falar diferentes dos dos homens, que podem fazê-las parecer menos competentes e autoconfiantes do que na realidade são.

O que é o estilo linguístico?

Tudo o que é dito tem de ser dito de uma certa maneira – num certo tom de voz, numa certa velocidade e com um certo grau de volume. Enquanto nós muitas vezes consideramos conscientemente o que dizer antes de falar, raramente pensamos sobre como o dizer, a não ser que a situação tenha uma carga óbvia – por exemplo, uma entrevista de emprego ou uma avaliação de desempenho complicada. O estilo linguístico refere-se ao padrão caraterístico de discurso de uma pessoa. Inclui aspetos como ser direto ou indireto, ritmo e pausas, escolha de palavras e o uso de elementos como piadas, figuras de estilo, histórias, questões e desculpas. Por outras palavras, o estilo linguístico é um conjunto de sinais culturalmente aprendidos, por meio dos quais não só comunicamos, mas também interpretamos o que os outros pretendem e avaliamos uns aos outros como pessoas.

Considere o falar à vez um elemento do estilo linguístico. A conversação é uma atividade em que as pessoas tomam a sua vez: uma pessoa fala, depois a outra responde. Porém, esta interação aparentemente simples requer uma negociação subtil de sinais, de modo que você saiba quando a outra pessoa acabou e é a sua vez de começar. Fatores culturais, como o país ou a região de origem e o enquadramento étnico, têm influência na duração de uma pausa para que pareça natural. Quando Bob, que é de Detroit, tem uma conversa com o seu colega Joe, da cidade de Nova Iorque, é-lhe difícil meter uma palavra, porque ele espera uma pausa entre as vezes de falar maior do que a que Joe espera. Uma pausa com essa duração nunca surge, porque, antes que ele tenha oportunidade de falar, Joe sente um silêncio desconfortável, que logo enche com mais conversa do seu lado. Ambos os homens não percebem que as diferenças de estilo conversacional estão a confundi-los. Bob pensa que Joe é insistente e desinteressado do que ele tem para dizer, e Joe pensa que Bob não tem muito para contribuir. De modo similar, quando Sally se mudou do Texas para Washington, D.C., ela passava o tempo à procura da altura certa para intervir em reuniões de pessoal – e nunca a encontrou. Embora no Texas ela fosse considerada extrovertida e confiante, em Washington era percebida como tímida e retraída. O seu chefe até sugeriu que tirasse um curso de treino da assertividade. Assim, ligeiras diferenças no estilo conversacional – nestes casos, poucos segundos de pausa – podem ter um impacto surpreendente em quem é ouvido e nos julgamentos, incluindo os psicológicos, que são feitos sobre as pessoas e as suas capacidades.

Toda a expressão oral funciona em dois níveis. A primeira é familiar para todos: a linguagem comunica ideias. O segundo nível é em grande parte invisível para nós, mas tem um papel poderoso na comunicação. Como forma de comportamento social, a linguagem também negoceia relações. Através dos modos de falar, nós sinalizamos – e criamos – o estatuto relativo dos oradores e o seu nível de relacionamento. Se disser «Sente-se!», você está a sinalizar que tem um estatuto mais alto que a pessoa a quem se dirige, que são tão próximos que se podem deixar de cerimónias ou que está zangado. Se disser «Ficaria honrado se se sentasse», está a sinalizar grande respeito – ou grande sarcasmo, dependendo do seu tom de voz, da situação e do que ambos sabem sobre quão próximos realmente são. Se disser «Deve estar tão cansado. Porque não se senta?», está a comunicar proximidade e preocupação ou então condescendência. Cada uma destas formas de dizer «a mesma coisa» – dizer a alguém para se sentar – pode ter um significado vastamente diferente.

Em todas as comunidades conhecidas dos linguistas, os padrões que constituem o estilo linguístico são relativamente diferentes para homens e mulheres. O que é «natural» para a maioria dos homens que falam uma dada linguagem é, em alguns casos, diferente do que é «natural» para a maioria das mulheres. Isso é porque aprendemos as maneiras de falar na infância, à medida que crescemos, especialmente com os nossos pares, e as crianças tendem a brincar com outras crianças do mesmo sexo. A investigação de sociólogos, antropólogos e psicólogos baseada na observação de crianças a brincar mostrou que, ainda que tanto raparigas como rapazes encontrem maneiras de criar relações e negociar estatutos, as raparigas tendem a aprender rituais de conversação que se focam na dimensão das relações, enquanto os rapazes tendem a aprender rituais que se focam na dimensão do estatuto.

As raparigas tendem a brincar com uma só melhor amiga ou em pequenos grupos, passando muito tempo a falar. Usam a linguagem para negociar quão próximas são; por exemplo, a rapariga a quem contar os seus segredos torna-se a sua melhor amiga. As raparigas aprendem a minimizar as formas como uma é melhor que as outras e a enfatizar as formas como todas são iguais. Desde a infância, a maioria das raparigas aprendem que parecer demasiado seguras de si as tornará impopulares junto dos seus pares – ainda que ninguém realmente aceite essa modéstia de modo literal. Um grupo de raparigas ostracizará uma rapariga que chame a atenção para a sua própria superioridade e criticá-la-á dizendo «Ela acha que é especial»; e uma rapariga que diz a outras o que fazer é chamada «mandona». Assim, as raparigas aprendem a falar de formas que equilibrem as suas necessidades próprias com as de outras – para salvar a face mutuamente, no sentido mais lato do termo.

Os rapazes tendem a brincar de um modo muito diferente. Normalmente brincam em grupos maiores, em que mais rapazes podem ser incluídos, mas não são todos tratados como iguais. Espera-se que os rapazes com estatuto elevado no grupo enfatizem esse estatuto, em vez de o minimizar, e normalmente um ou mais rapazes são vistos como o líder ou líderes. Geralmente, os rapazes não se acusam mutuamente de ser mandões, porque se espera do líder que diga aos rapazes de estatuto inferior o que fazer. Os rapazes aprendem a usar a linguagem para negociar o seu estatuto no grupo por meio da exibição das suas capacidades e conhecimentos, e por desafiar outros e resistir a desafios. Dar ordens é uma maneira de obter e manter o estatuto elevado. Outro será ocupar o centro do palco, contando histórias ou piadas.

Isto não quer dizer que todos os rapazes e raparigas cresçam deste modo ou se sintam confortáveis nestes grupos ou tenham igual sucesso a manobrar dentro destas normas. Mas, para a maior parte, é nestes grupos de brincadeira da infância que os rapazes e raparigas aprendem os seus estilos conversacionais. Neste sentido, eles crescem em mundos diferentes. O resultado é que mulheres e homens tendem a ter diferentes modos habituais de dizer o que pretendem, e as conversas entre eles podem ser como que uma comunicação intercultural: não pode assumir que a outra pessoa pretende o que você pretenderia se você dissesse a mesma coisa da mesma maneira.

A minha pesquisa em empresas de todos os Estados Unidos mostra que as lições aprendidas na infância se transferem para o local de trabalho. Considere o seguinte exemplo: foi organizado um *focus group* numa grande empresa multinacional para avaliar uma política de horários flexíveis recentemente implementada. Os participantes sentaram-se em círculo e discutiram o novo sistema. O grupo concluiu que era excelente, mas também acordaram formas de o melhorar. A reunião correu bem e foi considerada um sucesso por todos, de acordo com as minhas observações e comentários que todos me fizeram. Mas no dia seguinte esperava-me uma surpresa.

Tinha saído da reunião com a impressão de que Phil tinha sido responsável pela maioria das sugestões adotadas pelo grupo. Mas quando estava a passar as minhas notas, reparei que Cheryl tinha feito quase todas essas sugestões. Pensara que as ideias-chave tinham vindo de Phil, porque ele apanhara os pontos de Cheryl e os tinha apoiado, falando mais ao fazê-lo do que ela tinha falado ao apresentá-los.

Seria fácil olhar para Phil como tendo roubado as ideias de Cheryl – e o seu brilho. Mas isso seria incorreto. Phil nunca reclamou as ideias de Cheryl como suas. A própria Cheryl disse-me mais tarde que tinha saído da reunião confiando ter contribuído significativamente para ela e que tinha apreciado o apoio de Phil. Disse espontaneamente com uma gargalhada: «Não foi uma dessas vezes em que uma mulher diz alguma coisa e é ignorada, para depois um homem dizer isso e ser considerado.» Por outras palavras, Cheryl e Phil funcionaram bem como equipa, o grupo cumpriu o seu propósito e a empresa obteve o que precisava. Então qual foi o problema?

Regressei e perguntei a todos os participantes quem achavam que tinha sido o membro do grupo mais influente, o maior responsável pelas ideias que tinham sido adotadas. O padrão das respostas foi revelador. As duas outras mulheres do grupo indicaram Cheryl. Dois dos três homens indicaram Phil. Dos homens, só Phil indicou

Cheryl. Por outras palavras, neste caso, as mulheres avaliaram a contribuição de outra mulher mais corretamente do que os homens.

Reuniões como esta têm lugar diariamente em empresas de todo o país. A menos que os gestores sejam invulgarmente bons a escutar atentamente a forma como as pessoas dizem o que pretendem, os talentos de alguém como Cheryl podem muito bem ser subavaliados e subutilizados.

Um nível acima, um nível abaixo

Os falantes individuais variam no seu grau de sensibilidade às dinâmicas sociais da linguagem – por outras palavras, aos matizes subtis do que os outros lhes dizem. Os homens tendem a ser sensíveis às dinâmicas de poder na interação, falando de modo a posicionarem-se num nível superior e resistindo a serem postos num nível inferior por outros. As mulheres tendem a reagir mais fortemente a uma dinâmica da relação, falando de forma a salvar a face dos outros e suavizando afirmações que pudessem ser vistas como pondo outros num nível inferior. Estes padrões linguísticos estão disseminados; pode ouvi-los todos os dias em centenas de conversas no local de trabalho. E, como no caso de Cheryl e Phil, afetam quem é escutado e quem recebe crédito.

Obtendo crédito

Mesmo uma escolha linguística tão pequena como a escolha de um pronome pode afetar quem recebe crédito. Na minha investigação no local de trabalho, ouvi os homens dizer «eu» em situações em que ouvi as mulheres dizer «nós». Por exemplo, um executivo de uma empresa editora disse «Vou contratar um novo gestor. Vou pô-lo à frente da minha divisão de *marketing*», como se ele fosse o dono da firma. Em flagrante contraste, registei mulheres dizendo «nós» quando se referiam a trabalho feito exclusivamente por elas. Uma mulher explicou que reclamar crédito de uma maneira óbvia, dizendo «eu fiz isto», pareceria soar a demasiada autopromoção. E no entanto ela esperava – por vezes em vão – que os outros soubessem que o trabalho era dela e lhe dessem o crédito que não reclamava para si.

Os gestores podem chegar à conclusão de que as mulheres que não reclamam o crédito pelo que fizeram deviam ser ensinadas a fazê-lo. Mas essa solução é problemática, porque associamos a forma de falar a qualidades morais: a maneira como falamos é quem nós somos e quem nós queremos ser.

Veronica, uma investigadora sénior numa empresa de alta tecnologia, tinha um chefe observador. Ele reparou que muitas das ideias que provinham do grupo eram dela, mas que muitas vezes outros as propagandeavam pelo escritório e recebiam crédito por elas. Ele aconselhou-a a «apropriar-se» das suas ideias e certificar-se de que recebia o crédito por elas. Mas Veronica concluiu que simplesmente não gostaria do seu trabalho se tivesse de adotar uma abordagem que lhe parecia um desagradável e pouco atraente jogo de «apanhada». Foi o seu desagrado em relação a esse comportamento que a tinha levado a evitá-lo em primeiro lugar.

Qualquer que seja a sua motivação, é menos provável, ao contrário dos homens, que as mulheres tenham aprendido a afirmar-se. E têm mais probabilidade do que os homens de acreditar que, se o fizerem, não se gostará delas.

Muitos defenderam que a crescente tendência de atribuir trabalho a equipas pode ser especialmente agradável para as mulheres, mas que também pode criar complicações para a avaliação de desempenho. Quando as ideias são geradas e o trabalho é realizado na privacidade da equipa, o resultado do esforço da equipa pode ficar associado com a pessoa mais exuberante na comunicação dos resultados. Há muitas mulheres e homens – mas provavelmente mais mulheres, em termos relativos – que são relutantes em expor-se desta maneira e que, consequentemente, se arriscam a não ter o crédito pelas suas contribuições.

Confiança e vanglória

O CEO que baseou as suas decisões no grau de confiança dos oradores estava a articular um valor que é amplamente partilhado nas empresas nos EUA: uma maneira de julgar a confiança é pelo comportamento de um indivíduo, especialmente o comportamento verbal. Aqui, de novo, muitas mulheres estão em desvantagem.

Estudos mostram que é mais provável que as mulheres atenuem a sua certeza e que os homens minimizem as suas dúvidas. A psicóloga Laurie Heatherington e os seus colegas conceberam uma experiência engenhosa, que relataram na revista *Sex Roles*. ([1]) Eles pediram a centenas de caloiros universitários que predissessem as notas que teriam no seu primeiro ano. A alguns sujeitos foi pedido que fizessem as suas previsões de forma privada, escrevendo-as e colocando-as num envelope; a outros, pediu-se que fizessem as suas previsões publicamente, na presença de um investigador. Os resultados mostraram que mais mulheres do que homens previram notas mais baixas para si próprias, se fizessem as previsões publicamente. Se fizessem as suas previsões em privado, as previsões eram iguais às dos homens – e iguais às notas obtidas na realidade. Este estudo forneceu provas

---

(1) L. Heatherington *et al.*, «Two Investigations of "Female Modesty" in Achievement Situations», *Sex Roles* 29, n.º 11 (1993): pp. 739-754.

que o que parece ser falta de confiança – predizer notas mais baixas para si próprio – pode refletir não o nosso nível de confiança, mas o desejo de não parecer vangloriar-se.

Estes hábitos relacionados com o parecer humilde ou confiante resultam da socialização de rapazes e raparigas pelos seus pares, nas brincadeiras de crianças. Como adultos, tanto mulheres como homens veem esses comportamentos reforçados pelas respostas positivas que obtêm de amigos e parentes que partilham as mesmas normas. Mas as normas de comportamento no mundo das empresas nos EUA baseiam-se no estilo de interação que é mais comum entre homens – pelo menos, homens americanos.

Fazer perguntas

Ainda que fazer as perguntas certas seja uma das caraterísticas de um bom gestor, como e quando as perguntas são feitas pode enviar sinais involuntários sobre competência e poder. Num grupo, se só uma pessoa faz perguntas, ele ou ela arrisca-se a ser visto como o único ignorante. Além disso, nós julgamos os outros não só pela maneira como falam, mas também pela maneira como se fala com eles. A pessoa que faz perguntas pode acabar a receber uma lição e a parecer um aluno novo sob a orientação de um mestre-escola. A maneira como os rapazes são socializados torna-os mais suscetíveis de se aperceberem da dinâmica de poder subjacente, pela qual quem faz perguntas pode ser visto estando num nível inferior.

Uma médica em formação aprendeu da pior maneira que qualquer troca de informação pode tornar-se uma base para julgamentos – ou maus julgamentos – de competência. Durante a sua formação, recebeu uma avaliação negativa que considerou injusta, pelo que pediu uma explicação ao seu médico supervisor. Ele disse que ela sabia menos do que os seus pares. Espantada com a resposta, perguntou como tinha ele chegado a essa conclusão. Ele disse: «Você faz mais perguntas. «Juntamente com as influências culturais e a personalidade individual, o género parece ter um papel em se e quando as pessoas fazem perguntas. Por exemplo, de todas as observações que fiz em conferências e livros, a que desencadeia o mais entusiástico lampejo de reconhecimento é que é muito menos provável que os homens parem e peçam direções quando estão perdidos, que as mulheres. Eu explico que os homens muitas vezes resistem a pedir direções porque isso os põe numa posição inferior e porque eles valorizam a independência que vem de encontrar o caminho por si próprios. Pedir direções quando estão a conduzir é apenas um exemplo – juntamente com muito outros que os investigadores examinaram – de que parece menos provável os homens pedirem direções, do que as mulheres. E os homens que acreditam que fazer perguntas pode refletir-se negativamente sobre eles podem, por sua vez, formar uma opinião negativa sobre outros que façam perguntas em situações em que eles não o fariam.

Rituais de conversação

A conversação é fundamentalmente ritual, no sentido em que nós falamos nos modos que a nossa cultura convencionou e esperamos certos tipos de respostas. Tomemos os cumprimentos, por exemplo. Tenho ouvido pessoas que visitam os Estados Unidos queixarem-se de que os americanos são hipócritas, porque perguntam como estamos mas não estão interessados na resposta. Para os americanos, «Como está?» é obviamente uma forma ritualizada de começar uma conversa, em vez de um pedido literal de informação sobre o nosso estado de saúde. Noutras partes do mundo, incluindo as Filipinas, as pessoas perguntam umas às outras «Onde vai?» quando se encontram. Para os americanos, essa questão afigura-se como intrusiva, pois não percebem que ela também é uma pergunta ritual, à qual a única resposta esperada é «Para ali». É fácil e divertido observar os diferentes rituais em países estrangeiros. Mas não estamos à espera de diferenças, e somos muito menos capazes de reconhecer a natureza ritualizada das nossas conversas, quando estamos com compatriotas no nosso local de trabalho. Os nossos diferentes rituais podem ser ainda mais problemáticos quando achamos que todos estão a falar a mesma linguagem.

Comiserações e desculpas

Considere a simples frase: «*Lamento.*»

> *Catherine:* Como correu essa grande apresentação?
> *Bob:* Oh, não muito bem. Apanhei muita tareia do VP financeiro, e não tinha os números comigo.
> *Catherine:* Oh, lamento. Sei como trabalhaste arduamente para isto.

Neste caso, *lamento* provavelmente significa «lamento que isso tenha acontecido» e não «peço desculpa», a menos que fosse responsabilidade da Catherine fornecer a Bob os números que lhe faltaram na apresentação. As mulheres tendem a dizer *lamento* mais frequentemente que os homens – e muitas vezes com sinceridade – como uma forma ritualizada de expressar preocupação. É um dos muitos elementos de estilo conversacional aprendidos, que as raparigas usam muitas vezes para estabelecer ligação. Desculpas rituais – como outros rituais conversacionais – funcionam bem quando ambas as partes partilham os mesmos pressupostos sobre o seu uso. Mas as pessoas que emitem frequentemente pedidos de desculpas podem acabar por parecer mais fracas, menos confiantes e mesmo mais censuráveis do que as pessoas que não o fazem.

As desculpas tendem a ser encaradas de modo diferente pelos homens, pois são mais passíveis de se focarem nas implicações das conversas ao nível do estatuto. Muitos homens evitam desculpas porque as veem como colocando o orador em posição de inferioridade. Observei, com algum espanto, um encontro entre vários advogados empenhados numa negociação em audioconferência. A dada altura, o advogado em cujo escritório eu me encontrava bateu acidentalmente com o cotovelo no telefone e a chamada caiu. Quando a secretária voltou a ligar a todos os participantes, eu esperava que ele dissesse o que eu diria: «Desculpem por isto. Dei uma cotovelada no telefone.» Em vez disso, ele disse: «Ei, que aconteceu? Num minuto vocês estavam lá; no minuto seguinte, tinham desaparecido!» Este advogado pareceu ter um impulso automático de não admitir culpa, se não fosse obrigado a fazê-lo. Para mim, foi um daqueles momentos fulcrais em que nós tomamos consciência de que o mundo em que vivemos não é aquele em que todos vivem, e que a maneira como falamos é apenas uma de muitas.

Aqueles que avisam os gestores para não minar a sua autoridade ao pedirem desculpa estão a abordar a interação pela perspetiva da dinâmica de poder. Em muitos casos, esta estratégia é eficaz. Por outro lado, quando perguntei às pessoas o que as frustrava nos seus empregos, uma queixa frequentemente referida foi o trabalho com ou para alguém que recusa pedir desculpa ou admitir um erro. Por outras palavras, aceitar responsabilidade por erros e admitir enganos pode ser uma estratégia igualmente eficaz, ou mesmo superior, em alguns ambientes.

Retorno

Os estilos usados para dar retorno contêm um certo elemento ritual que é muitas vezes a causa de mal-entendidos. Considere a seguinte interação: uma gestora teve de dizer ao seu diretor de *marketing* para reescrever um relatório. Começou esta tarefa potencialmente constrangedora citando os pontos fortes do relatório e depois avançando para o ponto principal: as fraquezas que tinham de ser remediadas. O diretor de *marketing* pareceu compreender e aceitar os comentários da sua supervisora, mas a sua revisão continha apenas alterações menores e não abordou as fraquezas maiores. Quando a gestora o informou da sua insatisfação, ele acusou-a de o ter enganado: «Disse-me que estava bem. «O impasse resultou de diferentes estilos linguísticos. Para a gestora, era natural amortecer a crítica, começando com elogios. Dizer ao seu subordinado que o relatório era inadequado e tinha de ser reescrito punha-o numa posição inferior. Elogiá-lo pelas partes que eram boas era uma forma ritualizada de lhe salvar a face. Mas o diretor de *marketing* não partilhava do pressuposto da sua supervisora sobre o modo como o retorno devia ser dado. Em vez disso, ele pressupôs que o que ela mencionou primeiro era o ponto principal e que o que ela referiu mais tarde eram considerações adicionais.

Aqueles que esperassem receber retorno na forma como a gestora fez iriam apreciar o seu tato e considerariam uma abordagem mais direta desnecessariamente insensível. Mas aqueles que partilham os pressupostos do diretor de *marketing* encarariam a abordagem direta como honesta e pragmática, e a que a gestora adotou como geradora de confusão. Como os pressupostos de cada um lhes pareciam evidentes, eles culparam-se mutuamente: a gestora considerou que o diretor não esteve a ouvir, e ele considerou que ela não tinha comunicado de forma clara ou tinha mudado de ideias. Isto é significativo porque ilustra como os incidentes rotulados de forma vaga como «má comunicação» podem ser o resultado de estilos linguísticos diferentes.

Cumprimentos

A troca de cumprimentos é um ritual comum, especialmente entre as mulheres. Um desajuste nas expectativas associadas a este ritual levou a que Susan, uma gestora no campo dos recursos humanos, ficasse numa posição inferior. Ela e o seu colega Bill tinham feito apresentações numa conferência nacional. No avião, de regresso a casa, Susan disse a Bill: «Foi uma grande apresentação!» «Obrigado», disse ele. Então ela perguntou: «Que achou da minha?» Ele respondeu com uma longa e detalhada crítica, que ela escutou com desconforto. Invadiu-a um sentimento desagradável de ter sido desvalorizada. De algum modo, tinha sido posta na posição da neófita a precisar dos seus conselhos de perito. Pior ainda, só se podia culpar a si própria, pois fora ela, no fim de contas, que tinha perguntado a Bill o que ele pensava da sua apresentação.

Mas tinha Susan pedido a resposta que obteve? Quando ela perguntou a Bill o que ele pensava da sua apresentação, ela não esperava ouvir uma crítica, mas um elogio. Efetivamente, a sua pergunta tinha sido uma tentativa de corrigir um ritual que correu mal. O cumprimento inicial de Susan a Bill foi do tipo de reconhecimento automático que ela achava ser mais ou menos exigido depois de um colega fazer uma apresentação, esperando ela que Bill respondesse com um cumprimento correspondente.

Ela estava apenas a falar automaticamente, mas ele, ou genuinamente entendeu mal, ou simplesmente aproveitou a oportunidade de se deliciar na posição superior do crítico. Qualquer que fosse a sua motivação, foi a tentativa de Susan de desencadear uma troca de cumprimentos que lhe deu a oportunidade.

Ainda que esta interação pudesse ter ocorrido entre dois homens, não parece ser coincidência que tenha ocorrido entre um homem e uma mulher. A linguista Janet Holmes descobriu que as mulheres oferecem mais elogios que os homens. ([2]) E, como observei, menos homens tendem a perguntar «O que pensou da minha apresentação?» precisamente porque a questão pode dar azo a uma crítica indesejada.

Na estrutura social dos grupos de pares em que crescem, os rapazes andam realmente à procura de oportunidades para rebaixar os outros e tomar para si uma posição superior. Em contraste, um dos rituais que as raparigas aprendem é tomar uma posição inferior, mas no pressuposto de que a outra pessoa irá reconhecer a natureza ritual dessa autodepreciação e irá elevá-las de novo.

A interação entre Susan e Bill também sugere como os estilos caraterísticos de mulheres e homens podem colocar

---

(2) J. Holmes, «Compliments and Compliment Responses in New Zealand English», *Anthropological Linguistics* 28, n.º 4 (1986): pp. 485-508.

as mulheres em desvantagem no local de trabalho. Se uma pessoa estiver a tentar minimizar as diferenças de estatuto, a manter uma aparência de que todos são iguais e salvar a face dos outros, enquanto outra pessoa está a tentar manter uma posição superior e evitar ser posicionada numa posição inferior, será esta última a conseguir ganhar a posição superior. Ao mesmo tempo, a pessoa que não tiver despendido nenhuns esforços para evitar a posição inferior, provavelmente acabará nessa posição. Como as mulheres têm maior tendência a tomar (ou aceitar) o papel de quem precisa de conselhos, os homens são mais inclinados a interpretar uma questão ritual por parte de uma mulher como um pedido de conselhos.

Oposição ritual

As desculpas, a mitigação da crítica com elogios e a troca de cumprimentos são rituais bastante comuns entre as mulheres, e que os homens muitas vezes levam à letra. Ora, um ritual comum entre os homens, e que as mulheres muitas vezes levam à letra, é a oposição ritual.

Uma mulher do mundo das comunicações disse-me que via com desgosto e aflição o modo como o seu colega de escritório discutia acaloradamente com outro colega acerca de qual divisão deveria sofrer cortes orçamentais. Porém, ela ficou ainda mais surpreendida quando, pouco tempo mais tarde, eles estavam amigos como antes. «Como se pode fingir que aquela discussão nunca aconteceu?», perguntou-lhe ela. «Quem está a fingir que nunca aconteceu?», responde ele, tão confundido pela sua pergunta como ela tinha ficado com o comportamento dele. «Aconteceu», disse ele, «e acabou.» O que ela tomou de forma literal como uma discussão era para ele uma parte rotineira das negociações diárias: uma luta ritual.

Muitos americanos esperam que a discussão de ideias seja uma luta ritual – isto é, uma análise exploratória através de oposição verbal. As pessoas apresentam as suas ideias próprias da forma mais convencida e absoluta que podem, e esperam para ver se são contestadas. Ser forçado a defender uma ideia fornece uma oportunidade para a testar. No mesmo espírito, podem fazer o papel de advogado do diabo e contestar as ideias dos seus colegas – tentando criar lacunas e encontrar fraquezas – como modo de os ajudar a explorar e testar as suas ideias.

Este estilo de trabalho pode funcionar bem se todos o partilharem, mas os que não estão acostumados a ele provavelmente não se aperceberão da sua natureza ritual. Podem desistir de uma ideia que é contestada, tomando as objeções como uma indicação de que a ideia era má. Pior, podem considerar a oposição como um ataque pessoal e podem considerar ser impossível estar no seu melhor desempenho num ambiente conflituoso. As pessoas não acostumadas a este estilo podem tomar uma posição defensiva quando apresentam as suas ideias, de modo a rebater potenciais ataques. Ironicamente, esta postura faz com que os seus argumentos pareçam fracos, sendo mais provável que resulte num convite para um ataque dos seus colegas mais belicosos, em vez de o repelir.

A oposição ritual pode mesmo ter um papel na escolha de quem é contratado. Algumas firmas de consultores que recrutam diplomados pelas principais escolas de ciência empresarial usam uma técnica de entrevistas baseada no confronto. Desafiam o candidato a «resolver um caso» em tempo real. Um sócio de uma das firmas disse-me: «As mulheres tendem a portar-se pior neste tipo de interação, e isso afeta seguramente quem é ou não é contratado. Mas, na verdade, verifica-se que muitas das mulheres que não têm "boas notas no teste" acabam por ser boas consultoras. Muitas vezes, são mais inteligentes que alguns dos homens que pareciam máquinas analíticas sob pressão.» O nível da oposição verbal varia conforme a cultura das empresas, mas vi exemplos dela em todas as organizações que estudei. Qualquer pessoa que esteja desconfortável com este estilo linguístico – e isso inclui alguns homens, bem como muitas mulheres – arrisca-se a parecer inseguro quanto às suas ideias.

Negociando a autoridade

Nas organizações, a autoridade formal provém da posição que se detém. Mas a autoridade real tem de ser negociada dia a dia. A eficácia dos gestores individuais depende em parte do seu talento para negociar a autoridade e de outros reforçarem ou prejudicarem os seus esforços. A maneira como o estilo linguístico reforça o estatuto tem um papel subtil na colocação dos indivíduos numa hierarquia.

Gerindo para cima e para baixo

Em todas as empresas que investiguei, ouvi as mulheres dizer que sabiam que estavam a fazer um trabalho de nível superior, que sabiam que os seus colegas (e por vezes os seus chefes imediatos) também o sabiam, mas acreditavam que as chefias superiores não o sabiam. Muitas vezes, elas disseram-me que algo exterior a elas as retinha e achavam isso frustrante, porque consideravam que tudo o que devia ser necessário para o sucesso era fazer um bom trabalho, e que o desempenho superior devia ser reconhecido e recompensado. Em contraste, os homens muitas vezes diziam-me que, se as mulheres não eram promovidas, era porque simplesmente não estavam à altura. Olhando à volta, porém, vi provas de que os homens se comportavam de formas que tornavam mais provável serem eles do que as mulheres a obterem reconhecimento por aqueles com o poder de determinar a sua promoção.

Em todas as empresas que visitei, observei o que se passava na hora do almoço. Vi homens mais novos que regularmente almoçavam com o seu chefe, e homens mais velhos que comiam com o grande chefe. Notei muito menos mulheres a procurarem almoçar com a pessoa de nível mais alto que pudessem conseguir. Mas somos mais capazes de obter reconhecimento pelo trabalho feito se falarmos sobre ele com aqueles acima de nós, sendo mais fácil fazê-lo se as linhas de comunicação já estiverem abertas. Além disso, dada uma oportunidade para uma conversa com superiores, homens e mulheres tendem a ter maneiras diferentes de falar sobre os seus sucessos, por causa das maneiras diferentes como foram socializados em crianças. Os rapazes são recompensados pelos seus pares se exagerarem os seus feitos, enquanto as raparigas são recompensadas se os diminuírem. Os estilos linguísticos comuns entre os homens tendem a dar-lhes algumas vantagens quando se trata de ir para um nível superior.

Todos os falantes estão cientes do estatuto da pessoa com quem estão a falar e ajustam-se em conformidade. Toda a gente fala de forma diferente quando fala com um chefe ou com um subordinado. Mas, surpreendentemente, as maneiras como ajustam o seu discurso podem ser diferentes e assim projetar imagens diferentes de si mesmos.

Karen Tracy e Eric Eisenberg, investigadores em comunicações, estudaram a forma como o estatuto relativo afeta a maneira como as pessoas fazem críticas. Conceberam uma carta comercial que continha alguns erros, e pediram a 13 estudantes universitários do sexo masculino e 11 do sexo feminino para fazer uma dramatização da sua análise crítica segundo dois cenários. No primeiro, o orador era um chefe a falar com um subordinado; no segundo, o orador era um subordinado a falar com o seu ou a sua chefe. Os investigadores pesaram quanto os oradores tentaram evitar ofender a pessoa a quem tinham de criticar.

Seria de esperar que as pessoas fossem mais cuidadosas com a crítica que faziam quando estivessem numa posição de subordinado. Tracy e Eisenberg descobriram que essa hipótese era verdadeira para os homens no seu estudo, mas não para as mulheres. Como relataram em *Research on Language and Social Interaction*, as mulheres mostraram mais preocupação com os sentimentos das outras pessoas quando desempenhavam o papel do superior. (3) Por outras palavras, as mulheres eram mais cuidadosas em salvar a face da outra pessoa quando geriam para baixo do que quando geriam para cima. Este padrão recorda o modo

---

(3) K. Tracy e E. Eisenberg, «Giving Criticism: A Multiple Goals Case Study», *Research and Social Interaction* 24, n.º 1 (1990/1991): pp. 37-70.

como as raparigas são socializadas: espera-se que aquelas que são de algum modo superiores minimizem a sua superioridade, em vez de a exibirem.

Nas minhas próprias gravações de comunicação no local de trabalho, observei as mulheres a falar de formas semelhantes. Por exemplo, quando uma gestora teve de corrigir um erro feito pela sua secretária, ela fê-lo reconhecendo que havia circunstâncias atenuantes. Disse, rindo: «Sabe, é difícil fazer as coisas aqui, não é, com toda esta gente a entrar!» A gestora estava a salvar a face da sua subordinada, tal com as estudantes na dramatização do estudo de Tracy e Eisenberg.

Será isto uma maneira de comunicar eficaz? Temos de perguntar, eficaz para quê? A gestora em questão estabeleceu um ambiente positivo no seu grupo, e o trabalho era feito de forma eficaz. Por outro lado, muitas mulheres, em muitos campos diferentes, disseram-me que os seus chefes dizem que elas não projetam a autoridade apropriada.

Mensagens indiretas

Outro sinal linguístico que varia com o poder e o estatuto são as mensagens indiretas – a tendência de dizer o que pretendemos sem ser de forma explícita. Apesar da crença geral nos Estados Unidos de que é sempre melhor dizer exatamente o que pretendemos, as mensagens indiretas são um elemento fundamental e universal na comunicação humana. É também um dos elementos que mais varia de uma cultura para outra, podendo causar mal-entendidos enormes quando os falantes têm diferentes hábitos e expectativas sobre como é usado. Diz-se muitas vezes que as mulheres americanas são mais indiretas que os homens americanos, mas na verdade toda a gente tende a ser indireta em algumas situações e de formas diferentes. Dando o desconto às diferenças culturais, étnicas regionais e individuais, é bem mais provável que as mulheres sejam indiretas quando se trata de dizer aos outros o que fazer, o que não é surpreendente, considerando a propensão das raparigas para rotular as outras como mandonas. Por outro lado, é bem mais provável que os homens sejam indiretos quando se trate de admitir erros ou fraquezas, o que também não é surpreendente, considerando a propensão dos rapazes para intimidar aqueles que assumem uma posição inferior.

À primeira vista, pareceria que só os poderosos se podem permitir dar ordens secas como: «Tenha esse relatório sobre a minha secretária atá ao meio-dia.» Mas o poder numa organização pode também conduzir a formular pedidos tão indiretos que não parecem nada ser pedidos. Um chefe que diz «Temos os dados de vendas por linha de produto para cada região?», ficaria surpreso e frustrado se um subordinado respondesse «Provavelmente temos», em vez de «Vou obtê-los para si». Não obstante exemplos como estes, muitos investigadores têm afirmado que é mais provável que aqueles em posições inferiores falem indiretamente, sendo isso seguramente correto em algumas situações. Por exemplo, a linguista Charlotte Linde examinou as conversas entre pilotos e copilotos gravadas nas caixas negras dos aviões, e que tiveram lugar antes de acidentes. ([4]) Num caso particularmente trágico, um avião da Air Florida despenhou-se no rio Potomac imediatamente após tentar descolar do National Airport, em Washington, D.C., só não matando 5 dos 74 passageiros a bordo. Como veio a saber-se mais tarde, o piloto tinha pouca experiência de voar em tempo gelado. O copiloto tinha um pouco mais de experiência, tornando-se desoladoramente claro na análise que ele tinha tentado avisar o piloto, mas que o tinha feito de forma indireta. Alertado pela observação de Linde, examinei a transcrição das conversas e encontrei provas da sua hipótese. O copiloto chamou a atenção repetidamente para o mau tempo e a formação de gelo noutros aviões:

> *Copiloto:* Olhe como o gelo está pendente na sua, ah, parte de trás, ali atrás, vê aquilo? Vê aquelas estalactites de gelo ali na parte de trás e tudo?

([4]) C. Linde, «The Quantitative Study of Communicative Success: Politeness and Accidents in Aviation Discourse», *Language in Society* 17, n.º 3 (1988): pp. 375-399.

Piloto: Sim.

[*O copiloto também expressou preocupação quanto ao longo tempo de espera desde a última descongelação.*]

Copiloto: Rapaz, esta é uma, esta aqui é uma batalha perdida tentando descongelar estas coisas; isto [dá] às pessoas uma falsa sensação de segurança, é só o que faz.

[*Pouco antes de descolarem, o copiloto expressou outra preocupação – sobre leituras anormais dos instrumentos –, mas novamente não insistiu no assunto, quando o piloto não reagiu a isso.*]

Copiloto: Isso não parece estar certo, pois não? [pausa de 3 segundos]. Ah, isso não está certo. Bem...

Piloto: Está sim, ali está 80.

Copiloto: Ná, eu não acho que isso esteja certo. [pausa de 7 segundos] Ah, talvez esteja.

Pouco depois, o avião descolou, com resultados trágicos. Noutros casos, bem como neste, Linde observou que os copilotos, que são os segundos no comando, têm mais probabilidade de se expressarem de forma indireta, ou mitigarem ou suavizarem de outro modo a sua comunicação, quando sugerem rumos de ação para o piloto. Num esforço para evitar desastres semelhantes, algumas companhias aéreas dão agora aos copilotos treino para se expressarem de formas mais assertivas.

Esta solução parece evidentemente apropriada para a maioria dos americanos. Mas quando eu incluí o artigo de Linde num seminário que dei, um estudante japonês assinalou que seria igualmente eficaz treinar pilotos para detetarem sugestões. Esta abordagem reflete pressupostos sobre comunicação que tipificam a cultura japonesa, que dá grande valor à capacidade de as pessoas se compreenderem sem pôr tudo em palavras. Tanto as mensagens diretas como indiretas podem ser um meio de comunicação com sucesso, desde que o estilo linguístico usado seja compreendido pelos participantes.

Porém, no mundo do trabalho está mais em jogo do que a compreensão da comunicação. As pessoas em posições de poder têm maior probabilidade de recompensar estilos semelhantes ao seu, porque todos temos a tendência de considerar como autoevidente a lógica dos nossos próprios estilos. Correspondentemente, há provas de que, nos locais de trabalho dos EUA, onde se espera que as instruções de um superior sejam expressas de uma maneira relativamente direta, aqueles que tendem a ser indiretos quando dizem a subordinados o que fazer podem ser percebidos como tendo falta de confiança.

Considere o caso da gestora numa revista nacional, que era responsável por atribuir trabalhos a repórteres. Ela tinha a tendência de formular essas atribuições de trabalho como perguntas. Por exemplo, ela perguntava: «O que acha de fazer o projeto X com Y?» ou dizia «Estava a pensar em pô-lo no projeto X. Parece-lhe bem?» Isto funcionava extremamente bem com a equipa dela; eles gostavam de trabalhar para ela, e o trabalho era feito de uma forma eficiente e ordeira. Mas quando ela teve a sua avaliação de meio do ano com o seu chefe, ele criticou-a por não assumir a postura devida com a equipa.

Em qualquer ambiente de trabalho, a pessoa de nível mais alto tem o poder de impor a sua visão da postura apropriada, criada em parte pelo estilo linguístico. Na maioria dos contextos dos EUA, essa visão pressupõe que a pessoa no cargo de autoridade tem o direito de ser relativamente direta, em vez de mitigar as ordens. Porém, também há casos em que a pessoa com o cargo mais alto adota um estilo mais indireto. A proprietária de uma operação de retalho disse ao seu subordinado, um gestor de loja, para fazer uma coisa. Ele disse que a faria, mas uma semana mais tarde ainda não a tinha feito. Eles foram capazes de localizar a dificuldade na seguinte conversa: «A contabilista precisa de ajuda com a faturação. Que acha de a ajudar?» Ele disse: «Está bem.» Esta conversa tinha parecido clara e sem falhas na altura, mas verificou-se que eles tinham interpretado esta simples interação de formas muito diferentes. Ela achou que ele quis dizer: «Está bem, eu vou ajudar a contabilista.» Ele pensou que tinha dito: «Está bem, vou pensar se acharia bem ajudar a contabilista.» Ele realmente pensou sobre o assunto, chegando à conclusão de que tinha coisas mais importantes para fazer e não podia dispensar tempo para isso.

Para a proprietária, «Que acha de ajudar a contabilista?» era uma forma obviamente apropriada de dar a ordem «Ajude a contabilista com a faturação». Aqueles que esperam que as ordens sejam dadas como imperativos diretos podem considerar estas locuções aborrecidas ou mesmo enganadoras. Mas aqueles para quem este estilo é natural não pensam estar a ser indiretos. Pensam estar a ser claros, de uma maneira polida ou respeitadora.

O que é atípico neste exemplo é que a pessoa com o estilo mais indireto era a chefe, pelo que o gestor de loja foi motivado a adotar o estilo dela. Ela ainda dá ordens da mesma forma, mas o gestor de loja agora percebe o que ela quer quando fala assim. Em contextos empresariais dos EUA, é mais comum que as pessoas com os cargos mais elevados tenham um estilo mais direto, com o resultado que muitas mulheres em cargos de autoridade se arrisquem a ser julgadas pelos seus superiores como não tendo a postura adequada e, consequentemente, tendo falta de confiança.

Que fazer?

Perguntam-me muitas vezes «Qual é a melhor maneira de fazer críticas?» ou «Qual é a melhor maneira de dar ordens?»

– por outras palavras, «Qual é a melhor maneira de comunicar?». A resposta é que não há uma só melhor maneira. Os resultados de uma dada forma de discurso variarão conforme a situação, a cultura da empresa, o nível hierárquico relativo dos falantes, os seus estilos linguísticos e como esses estilos interagem uns com os outros. Por causa de todas essas influências, qualquer forma de falar pode ser perfeita para comunicar com uma pessoa numa situação e ser desastrosa com outra pessoa noutra situação. O talento crítico para os gestores é aperceber-se do funcionamento e do poder do estilo linguístico, para se assegurarem de que as pessoas com algo de valioso para contribuir são ouvidas.

Pode parecer, por exemplo, que conduzir uma reunião de uma forma não estruturada dá iguais oportunidades a todos. Mas a consciência das diferenças no estilo conversacional facilita a deteção do potencial para um acesso desigual. Aqueles que estão confortáveis a falar em grupos, que precisam de pouco ou nenhum silêncio antes de levantar a mão ou que se pronunciam facilmente, sem esperar que lhes deem a palavra, têm muito mais probabilidade de serem ouvidos nas reuniões. Aqueles que se inibem de falar antes de ser claro que o anterior orador terminou, que esperam que lhes deem a palavra e que têm a tendência de ligar os seus comentários com os de outros, dar-se-ão bem numa reunião em que toda a gente segue as mesmas regras, mas terão dificuldade em se fazerem ouvir numa reunião com pessoas cujos estilos são mais como o estilo anterior. Dada a socialização típica de rapazes e raparigas, os homens aprenderam mais provavelmente o primeiro estilo, e as mulheres, o segundo, tornando as reuniões mais agradáveis para os homens do que para as mulheres. É comum observar mulheres que participam ativamente em discussões individuais ou em grupos só femininos, mas que são raramente ouvidas em reuniões com uma grande proporção de homens. Por outro lado, há mulheres que partilham do estilo mais comum entre os homens, correndo aí um risco diferente – o de serem vistas como demasiado agressivas.

Um gestor consciente dessas dinâmicas poderá conceber várias formas de garantir que as ideias de todos são ouvidas e creditadas. Ainda que não haja uma solução que se ajuste a todos os contextos, os gestores que compreendem as dinâmicas do estilo linguístico podem desenvolver abordagens mais adaptáveis e flexíveis para conduzir ou participar em reuniões, orientar ou fazer progredir as carreiras de outros, avaliar desempenhos, e por aí adiante. A fala é a força vital do trabalho de gestão, e compreender que diferentes pessoas têm diferentes maneiras de dizer o que pretendem possibilitará tirar partido dos talentos de pessoas com uma vasta gama de estilos linguísticos. À medida que o local de trabalho se torna mais culturalmente diverso e os negócios se tornam mais globais, os gestores precisam de se tornar ainda melhores a ler as interações e mais flexíveis a ajustar os seus próprios estilos às pessoas com que se conectam.

Deborah Tannen é professora universitária e professora de linguística na Universidade de Georgetown em Washington, D.C. É autora de 15 livros, incluindo *You Just Don't Understand: Women and Men in Conversation* (William Morrow, 1990), que apresentou ao público em geral a ideia de estilos de comunicação femininos e masculinos. O material neste artigo é extraído de *Talking from 9 to 5* (Avon Books, 1995).

Reproduzido a partir de *Harvard Business Review*, setembro-outubro de 1995 (produto #95510).

6

Demasiado carisma pode fazer os líderes parecerem menos eficazes

Jasmine Vergauwe, Bart Wille, Joeri Hofmans,
Robert B. Kaiser e Filip de Fruyt

A sabedoria convencional sugere que os líderes mais carismáticos são também os melhores líderes. Os líderes carismáticos têm, por exemplo, a capacidade de inspirar os outros a níveis de desempenho mais elevados e instilar níveis profundos de empenhamento, confiança e satisfação. Como resultado, são geralmente percebidos pelos seus subordinados como mais eficazes, quando comparados com líderes menos carismáticos. ([1])

---

(1) B. Shamir, R. J. House e M. B. Arthur, «The Motivational Effects of Charismatic Leadership: A Self-Concept Based Theory», *Organization Science* 4, n.° 4 (1993); T. Dvir *et al.*, «Impact of Transformational Leadership on Follower Development and Performance: A Field Experiment», *Academy of Management Journal* 45, n.° 4 (2002): pp. 735-744; e J. A. Conger, R. N. Kanungo e S. T. Menon, «Charismatic Leadership and Follower Effects», *Journal of Organizational Behavior* 21 (2000): pp. 747-767.

Mas a nossa investigação mostra que, enquanto ter pelo menos um nível moderado de carisma é importante, ter demasiado pode prejudicar a eficácia de um líder. Conduzimos três estudos, envolvendo 800 líderes empresariais globalmente e cerca de 7500 dos seus superiores, pares e subordinados. Os líderes ocupavam diferentes níveis de gestão, indo de supervisores até diretores-gerais. O nosso trabalho estará disponível no *Journal of Personality and Social Psychology*.

Primeiro, é importante compreender o que é o carisma. Os modelos tradicionais da liderança carismática afirmam que o carisma não é um traço de personalidade, existe simplesmente na perspetiva do observador. Por outras palavras, o carisma é atribuído a alguém, em oposição a ser baseado na personalidade de uma pessoa. ([2])

Porém, a constatação de que as pessoas tendem a concordar nas suas perceções dos níveis de carisma de outros sugere que não é apenas uma questão de atribuição, e que esta concordância pode resultar de uma perceção baseada na personalidade desses outros. ([3]) Assim, o primeiro objetivo da nossa investigação foi estabelecer a medida da *personalidade carismática*.

---

(2) Conger *et al.*, «Charismatic Leadership and Follower Effects».

(3) J. J. Sosik, «Self-Other Agreement on Charismatic Leadership», *Group and Organization Management* 26, n.º 4 (2001).

Demos aos líderes o Hogan Development Survey (HDS), um instrumento de registo de personalidade especificamente concebido para ambientes laborais, e vimos como pontuaram em quatro tendências de personalidade: ousado, colorido, travesso e imaginativo. Os líderes mais carismáticos tiveram pontuações altas nestes traços, o que se reflete na sua alta autoconfiança, sentido dramático, prontidão para testar os limites e pensamento visionário expansivo.

Seguidamente, conduzimos um estudo para confirmar este conjunto de traços como sendo uma medida válida da personalidade carismática. Usando uma amostra de 204 líderes empresariais, mostrámos que a personalidade carismática estava relacionada com as perceções dos subordinados. Assim, líderes com uma personalidade carismática alta, medida com o carisma do HDS, também eram percebidos como altamente carismáticos pelos seus subordinados. Usando um conjunto de dados de arquivo de 1998 numa amostra de 156 pessoas, mostrámos ainda que os níveis de carisma HDS podiam ser previstos pelos comportamentos carismáticos das pessoas (por exemplo, ser enérgico, ser assertivo e gerar entusiasmo). ([4])

---

(4) L. R. Goldberg, «The Eugene-Springfield Community Sample». *ORI Technical Report* 48, n.º 1 (2008).

O nosso segundo objetivo foi investigar a relação entre personalidade carismática e eficácia como líder. Num segundo estudo, 306 líderes (65% deles homens) forneceram autoavaliações HDS da sua personalidade carismática, enquanto os seus colegas forneceram avaliações da sua eficácia global usando uma escala de 10 pontos, em que 5 é *adequado* e 10 é *excecional*. No total, 4345 dos seus colegas participaram neste estudo: 666 superiores, 1659 pares e 2020 subordinados. Uma média de 14 pessoas avaliou cada líder em termos de eficácia geral.

Em consistência com as nossas expectativas, descobrimos que à medida que o carisma aumentava, também a eficácia percebida aumentava – mas só até um certo ponto. À medida que os valores de carisma continuavam a aumentar para lá do percentil 60, que é logo acima da pontuação média relativa à população em geral de adultos trabalhadores, a eficácia percebida começava a declinar. Esta tendência era consistente em todos os três grupos de observadores (subordinados, pares e supervisores).

Também pedimos aos líderes que avaliassem a sua própria eficácia. Como se mostra mais tarde, quanto mais carismáticos eram os líderes, melhor pontuavam a sua própria eficácia. Esta discrepância entre perceção própria e pontuação por observadores está alinhada com outras investigações, demonstrando que os líderes com uma autoestima elevada sobreavaliam o seu desempenho numa variedade de critérios. ([5])

Num terceiro estudo, testámos se os efeitos da personalidade carismática na eficácia podiam ser explicados por meio da observação de comportamentos específicos dos líderes. Para testar isto, pedimos a 287 líderes empresariais (81% de homens) que avaliassem a sua personalidade carismática, e a uma média de 11 colegas – incluindo supervisores, pares e subordinados – que avaliassem cada líder em termos de eficácia global. Adicionalmente, os colegas agora avaliavam também os líderes em termos de dois pares de dimensões opostas de comportamento dos líderes: a medida em que eram *enérgicos* e *facilitadores* (explorando as dimensões de comportamento interpessoal, ou *como* eles lideravam), e a medida em que eles eram *estratégicos* e *operacionais* (representando as dimensões organizacionais, ou *o que* eles lideravam).

Ainda que não encontrássemos relações significativas entre o carisma e as dimensões de comportamento interpessoal, descobrimos que líderes altamente carismáticos

---

(5) T. A. Judge, J. A. LePine e B. L. Rich, «Loving Yourself Abundantly; Relationship of Narcissistic Personality to Self- and Other Perceptions of Workplace Deviance, Leadership and Task and Contextual Performance», *Journal of Applied Psychology* 91, n.º 4 (2006): pp. 762-776.

eram percebidos como envolvidos em comportamento mais estratégico e menos em comportamento operacional. Mas como pode isto explicar as pontuações de eficácia mais baixas para os mais carismáticos?

Uma explicação é que os custos associados ao traço desejado (carisma) no fim acabarão por sobrepor-se aos benefícios. Para líderes altamente carismáticos, nós antecipávamos que os custos associados a uma falta de comportamento operacional viessem a sobrepor-se aos benefícios proporcionados pelo comportamento estratégico, quando um certo nível de carisma é excedido. E foi exatamente isso que encontrámos: líderes altamente carismáticos podem ser estrategicamente ambiciosos, mas isso acontece às custas da execução correta das atividades laborais do dia a dia, o que pode prejudicar a eficácia percebida. Eles falhavam, por exemplo, na gestão diária das operações necessária para implementar a sua grande visão estratégica e na adoção de uma abordagem metódica na concretização das ações de curto prazo. Análise posterior mostrou que para líderes com baixos níveis de carisma, o oposto era verdadeiro: eles eram considerados menos eficazes porque lhes faltava comportamento estratégico. Por exemplo, eles não gastavam tempo suficiente no planeamento de longo prazo e falhavam na ausência de uma perspetiva global, em não questionar o *statu quo* e em não encorajar a inovação.

Em termos de implicações práticas, as nossas conclusões sugerem que os líderes devem estar conscientes dos potenciais inconvenientes de ser altamente carismático. Ainda que seja difícil desenhar uma linha precisa entre «suficiente» e «demasiado» carisma, estes são alguns dos traços a procurar, e que podem influenciar a eficiência de uma pessoa.

Autoconfiança, por exemplo, pode transformar-se em excesso de confiança e narcisismo em líderes altamente carismáticos, enquanto tolerância ao risco e capacidade de persuasão podem começar a traduzir-se em comportamento manipulador. Mais, a natureza entusiástica e espetacular do carisma pode transformar-se em comportamentos exibicionistas que distraem a organização da sua missão, e uma criatividade extrema pode fazer líderes altamente carismáticos pensar e agir de modo fantasioso e excêntrico.

Para aqueles cujo carisma possa estar acima do nível ótimo, podem ser úteis programas de *coaching* e desenvolvimento orientados para uma gestão de potenciais fraquezas operacionais, aumentando a autoconsciência e melhorando a autorregulação. Líderes altamente carismáticos também beneficiariam de receber retorno dos seus colegas quanto à sua eficácia. Desse modo, qualquer diferença entre a sua perceção e a perceção dos outros tornar-se-á clara. Em contraste, programas de *coaching* para líderes fracos em carisma poderão focar-se mais em expandir o seu comportamento estratégico.

Em suma, encontrámos fundamento para a ideia de que um líder pode ser demasiado carismático. As nossas conclusões sugerem que os líderes altamente carismáticos são percebidos como menos eficazes, não por razões interpessoais como o egocentrismo, mas por razões relacionadas com o negócio, que se relacionam especificamente com a falta do comportamento de líder operacional.

Queremos salientar que não incluímos fatores situacionais no nosso estudo, que poderiam influenciar a intensidade e forma da relação entre o carisma e a eficácia do líder. Sob certas condições, como as situações com baixo *stress*, esta relação pode ser estritamente linear («quanto mais carisma, melhor»). Porém, acreditamos que as situações de alto *stress* e de alta pressão são bastante típicas de um contexto de liderança «normal», aumentando a probabilidade de se encontrar um efeito de «demasiado de uma coisa boa». (6) Será importante fazer estudos adicionais para investigar melhor as condições em que o carisma é desejável ou não.

Jasmine Vergauwe é uma doutoranda no Departamento de Psicologia de Desenvolvimento, de Personalidade e Social, na Universidade de Ghent. Os seus interesses de investigação incluem os traços de personalidade, geral e

---

(6) J. R. Pierce e H. Aguinis, «The Too-Much-of-a-Good-Thing Effect in Management». *Journal of Management* 39, n.º 2 (2013).

desadaptada, a avaliação de personalidade e a liderança, com particular ênfase nos traços como preditores do desempenho e do descontrolo na gestão. **Bart Wille** é professor assistente no Departamento de Formação e Ciências da Educação, na Universidade de Antuérpia. A sua investigação foca-se no desenvolvimento profissional, no desenvolvimento estratégico de recursos humanos, na gestão e expansão de carreiras e no ajuste pessoa-ambiente. **Joeri Thomas** é professor associado no Grupo de Investigação do Trabalho e de Psicologia Organizacional, na Vrije Universiteit de Bruxelas. Os seus interesses de investigação incluem a personalidade, as emoções e a motivação no trabalho, com particular ênfase nas dinâmicas temporais. **Robert B. Kaiser** é o presidente da Kaiser Leadership Solutions, sediada em Greensboro, N.C. O seu último livro, em coautoria com Robert E. Kaplan, é *Fear Your Strengths: What You Are Best At Could Be Your Biggest Problem* (Berrett-Koehler, 2013). Encontre-o online em kaiserleadership.com. **Filip de Fruyt** é professor catedrático sénior no Departamento de Psicologia de Desenvolvimento, de Personalidade e Social, na Universidade de Ghent. A sua investigação cobre os traços adaptativos e desadaptativos, a sua estrutura e desenvolvimento, manifestações de personalidade transculturais e psicologia de personalidade aplicada.

Reproduzido a partir de *Harvard Business Review*,
26 de setembro de 2017 (produto #H03WYV).

Índice remissivo

Abele, Andrea, 41
adaptabilidade, 19
agilidade, 19
altruísmo, 45
ambiente, 43, 51, 91, 95, 100, 115
Angelou, Maya, 61
arginina vasopressina, 44
assistência, 13, 18, 61
associação, necessidade de, 49-50
autenticidade, 44
cordialidade e, 44-47
objetivos baseados em valores e, 17-19, 23
autoconfiança, 10, 12, 13, 47, 67, 109, 113
carisma e, 109, 113
desenvolvendo a presença de executivo e, 12-13
diferenças de género e avaliação de, 67-68, 79-80
exercícios físicos para, 47
obter crédito por algo e, 77-78
Projetar, 59-61
autoridade
mensagens diretas/ indiretas e, 96-101
negociação e, 92-102
avaliações de desempenho, 67, 69, 78, 92-95, 107

Beeson, John, 7-14

calma, 12, 62
capacidade de persuasão, 113
carisma, 105-115
comportamento dos líderes e, 111-112
definição de, 108
eficácia dos líderes e, 109-114
medir o, 108-109
perceção própria *versus* retorno e, 112-114
Carney, Dana, 47-48

certeza, projetar, 79-80
Charan, Ram, 18
Christensen, Clayton, 23
clareza, 19-21
competência
  carisma e, 107-108
  composição química e perceção de, 41
  cordialidade *versus*, 37-39
  demonstrando-a antes da cordialidade, 40-42
  fazer perguntas e, 80-82
  perceções dos outros sobre, 44-46
  projeção de, 59-63
comportamento chamador de atenção, 113-114
comportamento facilitador, 111
comportamento manipulador, 113
comportamento operacional, 111-112
compostura, 62-63
compreender, o desejo de, 50-51
comunicação, 19, 29, 31, 40, 68, 71, 74, 78, 86, 93, 95, 96, 98, 99, 104
  ambiguidade na, 48
  clara, direta e respeitosa, 19-21
  confiança e, 43-44
  contexto e, 28-31
  cordialidade *versus* força e, 41-42
  em apresentações, 11, 13, 27-29
  estilos preferidos e, 29-30
  funções da, 71-72
  influências culturais na, 68-69
  perceção das situações e, 19
  rituais de conversação e, 82-92
  saber o seu papel na, 30-31
  ser ouvido, 65-104
  ver também estilo linguístico; voz
comunicação não verbal
  de cordialidade, 47-49, 50-59
  de força, 47-49, 59-63
  estratégia de dentro para fora *versus* de fora para dentro em, 48-49
  poses de poder e, 47-48, 60-61
  postura e, 53-57, 61-62
  reflexão, 58-59
  sorrir e, 58-59, 62-63

comunicação piloto-copiloto, 96-99
concisão, 29
confiança, 41-44
consciência situacional, 18-19
contexto, 28-29
contratar, 77, 91
controlo, 10, 13, 46, 49, 51, 62
convicções, conhecer as suas, 19-20
cordialidade, 37-46, 48-49, 51-60, 62-63
  composição química e perceção de, 44
  guerreiro feliz e, 44-47
  perceções dos outros de, 44-46
  postura e, 53-57
  projetar, 47-49, 50-59
  validar sentimentos e, 52-53
  versus força, 35-63
  voz e, 51-52
Cortisol, 45-48
credibilidade, 29
crédito, estilo linguístico e obtenção de, 77-78, 92-95, 103-104
criatividade, 39, 113
crítica, 70-71, 73, 86-89, 94, 101
Cuddy, Amy J. C., 35-63
cuidado no aspeto, 12
cultura
  confiança na, 41-44
  de segurança e responsabilidade, 22
  estilo linguístico e, 101-104
  influências desta no estilo de comunicação, 68-69
  tomada de vez e, 70-71
cumprimentos, dar, 87-89

decisão, tomada de, 10-11
  visão e, 31-32
De Fruyt, Filip, 105-115
desculpas, 70, 83-85, 89
diferenças de género
  ao dar cumprimentos, 87-89
  ao dar retorno, 85-86
  desculpas e, 83-85
  em avaliações de confiança, 67-68, 79-80
  em ser direto/indireto, 95-96
  fazer perguntas e, 80-82
  influências culturais nas, 68-69
  negociando a autoridade e, 92-102
  no estilo linguístico, 71-76

obter crédito por algo e, 76-78
oposição ritual e, 89-91
quem é ouvido e porquê e, 65-104
reuniões e, 102-103
rituais conversacionais e, 82-92
vangloriar-se e, 79-80
dinâmica de grupo, 50-51
discussão, 29, 30, 89-91
Drotter, Stephen, 18

Edmondson, Amy, 22
Eisenberg, Eric, 94-95
Eisenberger, Naomi, 50
elogio, 85-86
emoções, validando as dos outros, 52-53
empatia, 52-53
energia, 111
equipas, obter crédito em, 78-79
erros, admitir, 85
escolha de palavras, 69-70
estabilidade, 21-24
calma e, 33-34
estatuto, *ver* «poder»
estilo linguístico, 65-104
compreender e utilizar, 101-104
confiança e vanglória no, 79-80
definição de, 69-76
desculpas e, 83-85
diferenças de género no, 71-76
fazer perguntas e, 80-82
na gestão para cima e para baixo, 92-95
negociando a autoridade e, 92-102
no retorno, 85-86
nos cumprimentos, 87-89
obter crédito e, 76,78, 103-104
oposição ritual no, 89-91
pausas no, 69-71
poder *versus* dinâmicas de ligação no, 71-76
rituais conversacionais e, 82-92
ser direto/indireto e poder e, 95-102
tomada de vez no, 70-71
expectativas, partilhar o «porquê» por trás das, 20-21

falar em público, 13
fazer perguntas, 80-82
Fiske, Susan, 38, 45

flexibilidade, 74, 103, 104
Folkman, Joseph, 39
força
  composição química e perceção de, 44
  cordialidade *versus,* 35-63
  guerreiro feliz e, 44-47
  medo e, 37-40
  perceções dos outros de, 44-46
  postura e, 61-63
  Projetar, 47-49
forma de vestir, 12-13

gestão do tempo, 11-12, 14, 22
gestores e gestão
  estilo linguístico e, 92-95, 101-104
  impacto nos outros, 22-24
  sinalizando a presença de liderança por, 15-24
  transitando para, 18
Glick, Peter, 38, 45
Goleman, Daniel, 22
guerreiro feliz, 44-47
  composição química e, 44

Heatherington, Laurie, 79
histórias pessoais, partilhar, 51-52, 58-59
Hofmans, Joeri, 105-115
Hogan Development Survey (HDS), 109-110
Holmes, Janet, 88
How Will You Measure Your Life? (Christensen), 23
humor, 12, 47

incerteza, tolerar a, 47
inferências de traços, 42
inferências espontâneas de traços, 42
influência, 28-29
  composição química e, 44
  cordialidade e força na, 44-47
  cordialidade *versus* força e, 41-42
  durante crises, 47-48
influenciar as emoções dos outros e, 21-24
inteligência emocional, 18, 23
  perceções dos outros sobre, 44-46
  quem é ouvido e porquê, 65-104

Josephs, Robert, 47
Journal of Personality and Social Psychology, 108
Kaiser, Robert B., 105-115
Keltner, Dacher, 60

KNP Communications, 58, 63
Kohut, Matthew, 35-63
Kozlowski, Dennis, 38

Leadership Pipeline, The (Charan, Drotter e Noel), 18
Lerner, Jennifer, 45
liderança estratégica, 29-30
  carisma e, 111-112
  relações em, 32-33
Linde, Charlotte, 97-99
linguagem corporal, *ver* «comunicação» não verbal

Maquiavel, Nicolau, 37, 44
medo, força e, 37-40
Mehta, Pranjal, 46
moralidade, estilo linguístico e, 77
mudança, comunicar a razão para, 28-33
mulheres, *ver* «diferenças de género»

Neffinger, John, 35-63
neuropeptídeos, 44
Noel, James, 18

objetivos
  baseados em valores, 17-19
  Comunicar, 28-33
oposição ritual, 89-91
ordens, 96-97
Oxitocina, 44

paciência, 20-21
pausas, 69-71
pedidos
  diretos *versus* indiretos, 96-102
  partilhar o «porquê» por trás, 20-21
personalidade carismática, 109-111; *ver também* «carisma»
pertença, a necessidade de, 49-50
poder
  comunicação direta *versus* indireta e, 95-102
  desculpas e, 83-85
  diferenças de género na comunicação e, 71-76
  fazer críticas e, 94-95
  fazer perguntas e, 80-82
  hormonas e sensações de, 45-47
poses de poder, 47-48, 60
postura, 10, 12, 47-49, 57, 59-62, 91, 100, 101
presença de executivo
  definição de, 10

demonstrando, 15-24
desconstruindo, 7-14
desenvolvendo, 12-13
encontrando a sua voz e, 13-14
importância da, 9-10
presença de liderança
amor *versus* medo na, 35-63
calma e, 33-34
carisma e, 105-115
demonstrando, 15-24
desconstruindo, 7-14
estável e fundamentada, 21-24
influência emocional e, 21-24
inteligência emocional/ consciência situacional e, 18-20
relações estratégicas e, 32-33
resolução de problemas e, 32-33
Primal Leadership (Goleman), 22
prioridades
estabelecer corretamente as, 22
partilhar o «porquê» por trás, 20-21
progressão, 21, 30, 92-95, 103
promoções, 9, 11, 67, 92-95
psicologia, 39, 50, 114-115

quietude, 62

relações
baseadas em amor *versus* baseadas em medo, 35-63
diferenças de género na comunicação e, 71-76
estilo linguístico e, 68
estratégicas, 32-33
fazer críticas e, 94-95
funções da comunicação em, 71-72
Research on Language and Social Interaction, 94
resolução de problemas, 32-33
respeito
competência *versus* cordialidade e, 37-39
comunicando com, 19-21
responsabilidade, 22, 85-86
retorno
carisma e, 112-114
diferenças de género a dar, 85-86
no desenvolvimento da presença de executivo, 12-13

partilhar o «porquê» por trás do, 20-21
sorrir e, 58-59
reuniões, estilo linguístico e, 102-103
Richards, Ann, 47
rituais conversacionais, 82-92
em dar cumprimentos, 87-89
em dar retorno, 85-86
em desculpas, 83-85
oposição ritual, 89-91

Sanfey, Alan, 43
segurança, 22, 53, 63, 98
senso comum, 52
sentido de oportunidade, 14
ser direto *versus* ser indireto, 19-21
a dar retorno, 85-86
estilo linguístico e, 69-70
poder/estatuto e, 95-102
Shambaugh, Rebecca, 25-34
Sherman, Gary, 45
Simmons, Frank, 10
sorrisos, genuínos, 58-59, 62-63
Su, Amy Jen, 15-24
sustentação, 21-24
talentos de apresentação, 11, 13, 27-29
talentos de ouvinte, 11, 13, 20-21
talentos organizacionais, 11-12
Tannen, Deborah, 65-104
Taylor, Lydia, 11, 13
testosterona, 45, 47, 48
Todorov, Alex, 42
tolerância ao risco, 113
tomada de vez, 70-71
Tracy, Karen, 94-95
treino, relacionado com competência *versus* relacionado com cordialidade, 41-42
Tyco, 38

valores
autenticidade e, 18-19
objetivos de liderança baseados em, 17-19
vanglória, 79-82
Van't Wout, Mascha, 43
Vergauwe, Jasmine, 105-115
visão
partilhando o «porquê» por trás, 20-21
voz de executivo, 28-33
voz
calma e, 33-34
contexto e, 28-31

encontrar a sua, 13-14
estilo linguístico e, 65-104
executiva, 25-34
liderança estratégica, 29-30
projetar cordialidade através da, 51-52
quem é ouvido e, 65-104
relaçõesestratégicase,32-33
resolução de problemas e, 32-33
visão e, 28-33
voz de executivo, *ver* «voz»

Wallace, Alicia, 11
Wille, Bart, 105-115
Wojciszke, Bogdan, 41

Yap, Andy, 48
Ybarra, Oscar, 43

Zenger, Jack, 39